中国政府统计研究系列

中国收入分配统计问题研究

Study on Statistics Issues of China's Income Distribution

许宪春 主编

图书在版编目(CIP)数据

中国收入分配统计问题研究/许宪春主编. —北京:北京大学出版社,2015.1
(中国政府统计研究系列)
ISBN 978-7-301-24906-2

Ⅰ.①中… Ⅱ.①许… Ⅲ.①收入分配—经济统计—研究—中国 Ⅳ.①F124.7

中国版本图书馆 CIP 数据核字(2014)第 225094 号

书　　　名：中国收入分配统计问题研究
著作责任者：许宪春　主编
责 任 编 辑：李笑男
标 准 书 号：ISBN 978-7-301-24906-2/F·4063
出 版 发 行：北京大学出版社
地　　　址：北京市海淀区成府路 205 号　100871
网　　　址：http://www.pup.cn
电 子 信 箱：em@pup.cn　　　　QQ:552063295
新 浪 微 博：@北京大学出版社　@北京大学出版社经管图书
电　　　话：邮购部 62752015　发行部 62750672　编辑部 62752926　出版部 62754962
印 　刷 　者：北京大学印刷厂
经 　销 　者：新华书店
　　　　　　730 毫米×1020 毫米　16 开本　13.5 印张　233 千字
　　　　　　2015 年 1 月第 1 版　2015 年 1 月第 1 次印刷
定　　　价：38.00 元

未经许可,不得以任何方式复制或抄袭本书之部分或全部内容。
版权所有,侵权必究
举报电话:010-62752024　电子信箱:fd@pup.pku.edu.cn

编 委 会

主　编：许宪春

副主编：夏荣坡　王有捐　施发启

编　委：岳希明　余芳东　程永宏

　　　　　许亚婷　王　冉　张　展

前　言

　　近些年来,收入分配问题成为经济研究的重点领域和媒体关注的焦点话题。但是,无论是在经济研究工作中还是在媒体评论中,都存在对中国收入分配统计了解得不够充分、理解得不够准确的问题,因而出现许多误解和不恰当的质疑与批评。这种情况对于正确地使用中国收入分配统计数据,客观地分析中国国民收入分配格局、居民收入差距及其变化趋势产生了非常不利的影响,也对中国收入分配制度改革和收入分配政策制定产生了负面影响。因此,对中国收入分配统计进行系统的阐述,对存在的误解和不恰当的质疑与批评进行澄清,对中国国民收入分配格局、居民收入差距及其变动趋势进行客观的分析是很有必要的。

　　目前,对中国收入分配统计主要存在以下若干方面的误解:

　　一是对中国收入分配统计的基本概念存在误解。例如,把收入初次分配与再分配、实物收入再分配与收入再分配、收入分配与重估价、收入分配与财富分配等基本概念相混淆。举例来说,有人指出,中国收入分配统计中的居民可支配收入没有包括居民销售房屋、股票和艺术品等资产所产生的增值收益,所以不完整,从而没有充分地反映富人与穷人之间的收入差距。因为,富人有能力购买多余的房屋、股票和艺术品等资产,从而有机会获得相应的增值收益。而穷人甚至没有能力购买生活用房,更谈不上购买多余的房屋、股票和艺术品等资产,所以不可能获得相应的增值收益。在房屋、股票和艺术品等资产价格上升的情况下,居民销售这些资产的确可以获得增值收益,但为什么这些增值收益不计入居民可支配收入呢?按照国民经济核算国际标准,居民可支配收入是在不动用居民资产和承担负债的情况下,居民消费支出的最大值。在国际标准中，居民拥有的房屋、股票和艺术品等资产价格上升带来的增值收益称为持有收益，这种持有收益属于居民资产的增值。如果居民消费时动用了这些持有收益，也就是动用了居民的资产，导致居民资产的减少，这样居民消费支出就突破了居民可支配收入的概念界限。所以，这些增值收益是不允许计入居民可支配收入的，因此，这些增值收益不会导致富人与穷人之间的收入差距。但是，由上述可知，这些增值收益增加房屋、股票和艺术品所有者的资产，从而拉大了富人与穷人之间的财富差距。因此，这些增值收益虽然不影响富人与穷人之间的收入差距，但却影响富人与穷人之间的财富差距。那些因为我国收入分配统计中的居民可支配收入没有包括居民销售房屋、股票和艺术品等资产所产生的增值收益而认为我国居民可支配收入没有反映出富人与穷人之间的收入差距的人，是把收入分配概念与财富分配概念混淆起来了，把居民之间的收入差距与居民之间的财富差距混淆起来了。

二是对中国收入分配统计的基本指标存在误解。例如，将资金流量表中的居民可支配收入与住户调查中的居民可支配收入相混淆。在我国，资金流量表是国民经济核算体系的重要组成部分，其主要核算内容之一是反映国民收入如何在居民、企业和政府之间进行分配，居民可支配收入是经过这样的分配之后居民获得的全部收入。住户调查是国家统计局针对住户这一类重要的调查对象所开展的一种专业抽样调查，其主要调查内容之一是居民获得的各种形式的收入。居民可支配收入是按照一定的原则和方法对各种形式收入进行计算的结果。资金流量表中的居民可支配收入与住户调查中的居民可支配收入是不同的，主要原因包括以下几个方面：（1）国际标准不同。资金流量表采用的是联合国、欧盟委员会、经济合作与发展组织、国际货币基金组织和世界银行等五个国际组织共同制定的国民经济核算国际标准，即《国民账户体系》（SNA）；住户调查采用的是联合国欧洲经济委员会制定的住户调查国际标准，即《住户收入统计堪培拉手册》。尽管这两个国际标准之间已进行了协调，但对于一些交易的处理方法仍然不同。（2）统计原则不同。资金流量表采用权责发生制原则，住户收入调查采用的是收付实现制原则。例如，就居民储蓄存款利息收入来说，资金流量表采用的是居民储蓄存款应得利息收入，而住户调查采用的是居民储蓄存款实际领取的利息收入。（3）统计内容不同。资金流量表中的居民可支配收入包含固定资产折旧，而住户调查中的可支配收入不含固定资产折旧。(4)主要用途不同。资金流量表中的居民可支配收入主要反映居民可支配收入总量及其在国民可支配总收入中所占的份额;住户调查中的居民可支配收入主要反映其详细收入来源和不同居民群体之间的收入差距。(5)资料来源不同。住户调查中的居民可支配收入主要利用住户抽样调查资料计算,而资金流量表中的居民可支配收入除了利用住户抽样调查资料外,还采用了许多其他方面的资料来源,例如企业统计调查资料、财政决算资料、金融机构会计决算资料等。上述种种原因必然导致资金流量表中的居民可支配收入与住户调查中的居民可支配收入之间存在差距。

三是对中国收入分配统计基本指标的计算方法存在误解。例如,有的人认为,国家统计局开展的住户调查对高收入户的代表性不足,因而其测算的居民收入基尼系数偏低,没有充分反映居民之间的收入差距。实际上,国家统计局在测算居民收入基尼系数时以国家税务总局公布的12万元以上个人所得税资料为依据,对调查样本中高收入户权重和人均收入水平进行了校准,基本上解决了住户调查对高收入户的代表性不足的问题。

四是对中国收入分配统计的基本数据存在误解。例如,有些人认为,中国居民收入占比一直是下降的,居民收入差距一直是扩大的。事实上,2009年以来,无论是居民初次分配收入占国民总收入的比重,还是居民可支配收入占国民可支配总收入的比重都表现出回升的走势。例如,2011年,居民可支配收入比重为60.8%,比2008年回升了2.5个百分点。从反映居民收入差距的统计指标基尼系数来看,2008年最高达0.491,2009年以后逐年下降,2013年下降到0.473,这说明近些年来居民收入差距在缩小。

针对经济研究和媒体评论对中国收入分配统计存在的诸多误解以及一些不恰当的质疑与批评,我组织国家统计局国民经济核算司、住户调查办公室、统计教育培训中心的有关专家和中国人民大学、北京师范大学的有关学者开展了课题研究。我组织课题组集体讨论确定研究提纲。课题组成员按照研究提纲的要求分头进行研究,撰写报告。2013年5月,在安徽财经大学召开的"中国统计教育学会经济统计研究会筹备会议暨全国经济统计学协同发展论坛"上,课题组报告了部分初步研究成果,得到了与会专家的肯定。后来,我又组织课题组对每篇研究报告进行了两次比较深入的讨论,我与本书副主编分头对研究报告进行了审核修改。最后,我又对每一篇研究报告进行了详细的修改和审定。《中国收入分配统计问题研究》一书是这一系列研究工作的最终成果。

本书包括四部分内容。第一部分"收入分配统计的基本概念和方法"包括三篇研究报告。第一篇研究报告阐述了国民经济核算最新国际标准关于收入分配核算的基本概念,就经济研究和媒体评论对收入分配统计基本概念存在的若干误解进行了澄清;第二篇研究报告介绍了住户调查一体化改革的主要内容,阐述了改革后的居民收入统计指标的定义、口径范围,并将其与改革前居民收入统计指标进行了比较;第三篇研究报告主要阐述了一体化改革之前住户调查中的居民收入统计指标与资金流量表中的居民收入统计指标之间的区别,一体化改革之后住户调查中的居民收入统计指标与资金流量表中的居民收入统计指标之间的协调,以及两者间仍然存在的区别。

第二部分"收入分配数据的采集和编制方法"包括两篇研究报告。第一篇研究报告阐述了居民收入数据的主要采集渠道,国家统计局采集居民收入数据的方法,并对居民收入调查中经常遇到的问题进行了探讨;第二篇研究报告比较详细地阐述了资金流量表收入分配部分的资料来源和编制方法。

第三部分"居民收入差距的测度问题"包括三篇研究报告。第一篇研究报告主要阐述了国家统计局测算居民收入基尼系数所采用的基础数据、基本方法和测算结果;第二篇研究报告主要阐述了基尼系数的人口亚组分解方法以及利用这种方法计算居民收入基尼系数的方法;第三篇研究报告对中国居民收入基尼系数的几种估计结果进行了分析和评价。

第四部分"收入分配分析"包括三篇研究报告。第一篇研究报告主要利用资金流量表数据对改革开放以来中国国民收入分配格局及其变化进行了分析,探讨了存在的问题,提出了政策建议;第二篇研究报告主要利用住户调查数据对改革开放以来中国居民收入差距及其变化进行了分析,探讨了存在的问题,提出了政策建议;第三篇研究报告对中国国民收入分配的基本格局和居民收入分配差距进行了国际比较分析。

本书的主要内容和作用可以概括为以下五个方面:一是比较系统地厘清了收入分配统计中一些易混淆的基本概念,有利于读者正确理解这些基本概念;二是比较全面地阐述了城乡住户调查一体化改革前后我国居民收入数据的采集方法和我国现行资金流量表的编制方法,有利于读者客观地了解我国微观和宏观收入分配统计数据的生产过程及其改进;三是对城乡一体化改革前后我国住户调查中的居民收入统计指标之间以及住户调查中的居民收入统计指标与资金流量表中的居民收入统计指标之间的关系进行了详细的比较,有利于读者准确地把握这些统计指标;四是比较详细地介绍了我国居民收入基尼系数的测算方法,有利于读者正确地评价其客观性;五是利用翔实的数据对我国国民收入分配的基本格局和居民收入差距进行了比较具体的分析和国际比较,有利于读者系统地了解我国国民收入分配基本格局和居民收入差距的现状、变化趋势、成因及其所具有的新兴经济体的基本特征。

在课题研究过程中,课题组全体成员都付出了艰苦的努力,每篇研究报告的撰写者不仅认真做好该篇报告的研究撰写工作,而且参与其他研究报告的讨论,贡献自己的智慧;除了本书的主编、副主编、编委和课题报告的撰写者外,还有一些同志对课题研究工作做出了贡献,他们是国家统计局统计教育培训中心的孙慧女士、李莉红女士,国家统计局国民经济核算司的吕峰同志;在课题研究的启动阶段,北京师范大学的李实教授提出了重要的指导性意见;在"中国统计教育学会经济统计研究会筹备会议暨全国经济统计学协同发展论坛"上,天津财经大学的肖红叶教授、北京大学的陈松蹊教授、兰州商学院的傅德印教授、东北财经大学的蒋萍教授、中国人民大学的赵彦云教授根据会议安排对课题研究报告依次做了精彩点评,北京师范大学的邱东教授、厦门大学的曾五一教授等在会议讨论中做了重要评论;本书的出版,得到了北京大学出版社林君秀女士和郝小楠女士的大力支持,在此一并表示真诚感谢。

本书是中国政府统计研究系列的第一部,以后将根据社会关注的统计焦点问题,不定期地开展课题研究,以统计理论和经济理论、国际统计标准、统计制度方法为基本依据,澄清社会上出现的对某些统计领域的基本概念、基本指标、基本调查方法、基本计算方法、基本统计数据等方面的误解,让社会正确地理解有关基本统计概念,准确地把握有关基本统计指标,客观地了解有关统计数据的生产过程,科学地使用有关统计数据。

由于水平所限,本书可能存在许多不足之处,敬请广大读者批评指正。

许宪春

2014年7月于北京

目　录

第一部分　收入分配统计的基本概念和方法

准确理解收入分配核算／　许宪春 …………………………………（3）
　　一、国际标准关于收入分配核算的一些基本概念和基本指标 ……（3）
　　二、关于收入分配核算的若干误解、分析与澄清 ………………（9）
　　参考文献 …………………………………………………………（18）

住户调查一体化改革中的居民收入统计／　王　冉 ………………（19）
　　一、住户调查一体化改革的背景 …………………………………（19）
　　二、住户调查一体化改革的主要内容 ……………………………（20）
　　三、一体化住户调查的收入指标体系 ……………………………（23）
　　四、改革前后居民收入统计口径的比较 …………………………（27）
　　附录 ………………………………………………………………（29）
　　参考文献 …………………………………………………………（32）

住户调查与资金流量表中的居民收入之间的协调／　许宪春 ……（33）
　　一、现行住户调查中的居民收入与资金流量表中的
　　　　居民收入之间的区别 …………………………………………（33）
　　二、城乡住户调查一体化改革对居民收入的修订 ………………（39）
　　三、一体化改革后住户调查中的居民收入与资金流量表中
　　　　的居民收入之间的协调 ………………………………………（41）
　　四、一体化改革后住户调查中的居民收入与资金流量表中
　　　　的居民收入之间的区别 ………………………………………（43）

参考文献 ……………………………………………………………… (44)

第二部分　收入分配数据的采集和编制方法

居民收入数据的采集／　王有捐 …………………………………… (49)
 一、居民收入数据采集的作用和概念 ………………………… (49)
 二、居民收入数据采集的主要渠道 …………………………… (50)
 三、国家统计局采集收入数据的方法 ………………………… (52)
 四、有关收入调查的几个问题与思考 ………………………… (64)
 附录 ……………………………………………………………… (66)
 参考文献 ………………………………………………………… (70)

资金流量表中收入分配部分的编制方法／　许亚婷 ……………… (71)
 一、资金流量表的核算对象 …………………………………… (71)
 二、资金流量表中收入分配部分的核算原则和资料来源 …… (73)
 三、资金流量表中收入分配部分的基本框架和指标含义 …… (75)
 四、收入分配部分的计算方法 ………………………………… (80)
 参考文献 ………………………………………………………… (90)

第三部分　居民收入差距的测度问题

居民收入基尼系数的测算／　王萍萍 ……………………………… (93)
 一、基尼系数的含义、方法及相关问题 ……………………… (93)
 二、测算基尼系数的基础数据 ………………………………… (95)
 三、测算基尼系数的方法与步骤 ……………………………… (96)
 四、居民收入基尼系数测算结果 ……………………………… (98)
 附录　基尼系数测算方法示例 ………………………………… (99)
 参考文献 ………………………………………………………… (102)

基尼系数的计算与亚组分解／　程永宏　张　翼 ………………… (103)
 一、基尼系数的性质与计算方法 ……………………………… (103)
 二、基尼系数的人口亚组分解 ………………………………… (106)

三、基尼系数亚组分解新方法的应用 …………………………（108）
　　四、政策含义 …………………………………………………（111）
　　参考文献 ………………………………………………………（112）

如何看待中国居民收入差距的几种估计结果／
　　岳希明　李　实　高　霞 ……………………………………（113）
　　一、中国居民收入不平等程度：来自不同住户调查的
　　　　基尼系数估计值 …………………………………………（113）
　　二、不同住户调查的优缺点 …………………………………（118）
　　三、结束语 ……………………………………………………（123）
　　参考文献 ………………………………………………………（123）

第四部分　收入分配分析

改革开放以来我国宏观收入分配分析／　施发启 ……………（127）
　　一、我国宏观收入分配格局的变化及国际比较 ……………（127）
　　二、当前我国宏观收入分配格局存在的主要问题 …………（154）
　　三、改善我国宏观收入分配关系的政策建议 ………………（156）
　　参考文献 ………………………………………………………（159）

改革开放以来我国居民收入差距分析／　施发启 ……………（160）
　　一、居民收入的变化情况 ……………………………………（160）
　　二、居民收入差距变化情况 …………………………………（161）
　　三、居民收入基尼系数的国际比较 …………………………（175）
　　参考文献 ………………………………………………………（177）

收入分配的国际比较／　佘芳东 ………………………………（178）
　　一、收入初次分配的国际比较 ………………………………（178）
　　二、收入再分配的国际比较 …………………………………（187）
　　三、微观层面收入分配的国际比较 …………………………（193）
　　四、调节我国收入分配关系的几点建议 ……………………（196）
　　参考文献 ………………………………………………………（199）

第一部分

收入分配统计的基本概念和方法

准确理解收入分配核算

许宪春

近年来,收入分配问题已经成为经济研究的重点领域和媒体关注的焦点问题。但是,无论是在经济研究工作中还是在媒体评论中,都存在着对收入分配核算的一些误解。鉴于此,本文试图有针对性地阐述国民经济核算国际标准关于收入分配核算的一些基本概念和基本指标,就收入分配核算的一些常见误解进行分析和澄清。

一、国际标准关于收入分配核算的一些基本概念和基本指标

收入分配核算涉及一系列基本概念和基本指标,联合国等国际组织制定的国民经济核算国际标准,即《国民账户体系(2008)》(System of National Accounts,2008,以下简称2008年SNA)[①]对这些基本概念和基本指标进行了明确的界定。

(一)收入分配核算的基本概念

2008年SNA把收入分配分解为收入初次分配、收入再分配和实物收入再

---

① 联合国等国际组织制定的国民经济核算国际标准,即《国民账户体系》(System of National Accounts)包括不同的版本,分别于1953年、1968年、1993年和2008年颁布。1993年和2008年版本都是由联合国、欧盟委员会、经济合作与发展组织、国际货币基金组织和世界银行共同制定的。本文后面谈到的SNA,指的是2008年版本。

分配。① 下面阐述收入初次分配、收入再分配和实物收入再分配的基本概念。

1. 收入初次分配

收入初次分配是指因参与生产过程或因拥有生产活动所需资产的所有权而获得的收入在机构单位之间进行的分配。② 反映收入初次分配的主要指标包括雇员报酬、财产收入、生产和进口税、生产和进口补贴、营业盈余、混合收入等。

这里的机构单位是指能够以自己的名义拥有资产、承担负债、从事经济活动，并与其他实体进行交易的经济实体。③ 为了反映收入分配去向和收入分配形成的基本格局，需要对这些机构单位进行部门分类。2008 年 SNA 把所有常住机构单位划分为五个机构部门：非金融公司部门、金融公司部门、政府部门、为住户服务的非营利机构部门和住户部门。④

不同的常住机构部门收入初次分配指标是不同的，因为某些类型的初次分配指标只能为某些特定常住机构部门获得或支付。例如，雇员报酬只能为住户部门获得，生产和进口税只能为政府部门获得。各部门初次分配收入构成情况如下：

非金融公司部门和金融公司部门初次分配收入
  = 营业盈余 + 应收财产收入 − 应付财产收入　　　　　（1）

政府部门初次分配收入
  = 营业盈余 + 生产和进口税 − 生产和进口补贴
  + 应收财产收入 − 应付财产收入　　　　　　　　　（2）

其中的营业盈余来源于政府部门所属的从事市场化生产的单位。

住户部门初次分配收入
  = 营业盈余 + 混合收入 + 雇员报酬
  + 应收财产收入 − 应付财产收入　　　　　　　　　（3）

其中的营业盈余主要来源于住户出租住房服务形成的增加值以及住户自有住房提供的自给性住房服务形成的增加值。

---

① 见 2008 年 SNA，第 2 章第 90 段。
② 见 2008 年 SNA，第 7 章第 1 段。
③ 见 2008 年 SNA，第 4 章第 2 段。
④ 见 2008 年 SNA，第 4 章第 24 段，其中"政府部门"在 2008 年 SNA 中称为"一般政府部门"。

为住户服务的非营利机构部门初次分配收入

$$= 营业盈余 + 应收财产收入 - 应付财产收入 \qquad (4)$$

各常住机构部门的初次分配收入之和就是国民收入。

上述各公式中的营业盈余和混合收入既可以采用不包括固定资本消耗的净值口径,也可以采用包括固定资本消耗的总值口径。当两者均采用净值口径时,上述各公式中的初次分配收入就是初次分配净收入,各常住机构部门的初次分配净收入之和就是国民净收入;当两者均采用总值口径时,上述各公式中的初次分配收入就是初次分配总收入,各常住机构部门的初次分配总收入之和就是国民总收入。

2. 收入再分配

收入再分配是指收入通过经常转移的方式在机构单位之间进行的分配。所谓经常转移,是这样一种形式的交易:一个机构单位向另一个机构单位提供货物、服务或资产但不向后者索取任何货物、服务或资产作为回报,并且交易的一方或双方无须获得或处置资产。[①] 经常转移包括所得税、财产税等经常税以及社会缴款、社会福利和其他经常转移。

收入再分配的结果得到各常住机构部门的可支配收入。不同常住机构部门的经常转移所包括的具体指标是不同的,因为某些类型的经常转移只能为某些特定常住机构部门获得或支付。例如,所得税、财产税等经常税收入只有政府部门获得,社会缴款支出只有住户部门支付[②],社会福利收入只有住户部门获得。常住机构部门可支配收入构成情况如下:

非金融公司部门和金融公司部门可支配收入

$$\begin{aligned}
&= 初次分配收入 + 经常转移收入 - 经常转移支出 \\
&= 初次分配收入 + (社会缴款收入 + 其他经常转移收入) \\
&\quad - (所得税、财产税等经常税支出 + 社会福利支出 \\
&\quad + 其他经常转移支出)
\end{aligned} \qquad (5)$$

---

① 见 2008 年 SNA,第 8 章第 10 段。

② 雇主代表雇员支付的社会缴款在收入初次分配中属于雇员报酬的一部分,在收入再分配中表现为住户向负责社会保险计划的部门支付社会缴款,而不是表现为雇主向负责社会保险计划的部门支付社会缴款。

在非金融公司部门和金融公司部门不负责社会保险计划的情况下,公式中的社会缴款收入和社会福利支出就不存在了。

政府部门可支配收入

= 初次分配收入 + 经常转移收入 − 经常转移支出

= 初次分配收入 +(所得税、财产税等经常税收入

　　+ 社会缴款收入 + 其他经常转移收入)

　　−(所得税、财产税等经常税支出 + 社会福利支出

　　+ 其他经常转移支出) (6)

其中的所得税、财产税等经常税支出是政府部门所属的单位支付的所得税、财产税等经常税。

住户部门可支配收入

= 初次分配收入 + 经常转移收入 − 经常转移支出

= 初次分配收入 +(社会福利收入 + 其他经常转移收入)

　　−(所得税、财产税等经常税支出 + 社会缴款支出

　　+ 其他经常转移支出)① (7)

为住户服务的非营利机构部门可支配收入

= 初次分配收入 + 经常转移收入 − 经常转移支出

= 初次分配收入 +(社会缴款收入 + 其他经常转移收入)

　　−(所得税、财产税等经常税支出 + 社会福利支出

　　+ 其他经常转移支出) (8)

在为住户服务的非营利机构部门不负责社会保险计划的情况下,公式中的社会缴款收入和社会福利支出就不存在了。各常住机构部门的可支配收入之和就是国民可支配收入。

当各常住机构部门的初次分配收入采用净值时,相应部门的可支配收入就是可支配净收入,国民可支配收入就是国民可支配净收入;当各常住机构部门的初次分配收入采用总值时,相应部门的可支配收入就是可支配总收入,国民

---

① 由于很少发生这样的情况,即住户自身作为非法人企业,为其雇员提供社会保险计划,因此,住户部门的经常转移收入没有涉及社会缴款收入。

可支配收入就是国民可支配总收入。

3. 实物收入再分配

实物收入再分配是指通过实物社会转移的方式实现的收入分配。实物社会转移是指政府和为住户服务的非营利机构免费或以没有显著经济意义的价格提供给住户的货物和服务。① 这种货物和服务的支出由政府和为住户服务的非营利机构承担,实际上由住户消费。实物社会转移包括两部分内容,一是由政府和为住户服务的非营利机构本身提供的非市场性个人服务,二是由政府和为住户服务的非营利机构购买,并免费或以不具有经济意义的价格提供给住户的消费性货物和服务。

实物收入再分配的结果得到政府部门、住户部门和为住户服务的非营利机构部门的调整可支配收入,这些部门的调整可支配收入的计算公式如下:

政府部门调整可支配收入 = 可支配收入 − 实物社会转移支出 (9)

住户部门调整可支配收入 = 可支配收入 + 实物社会转移收入 (10)

为住户服务的非营利机构部门调整可支配收入
　　= 可支配收入 − 实物社会转移支出 (11)

对于住户部门来说,调整后可支配收入大于可支配收入,对于政府部门和为住户服务的非营利机构部门来说则相反。

非金融公司部门和金融公司部门没有实物社会转移的收支,没有调整可支配收入。非金融公司部门和金融公司部门可支配收入加上政府部门、住户部门和为住户服务的非营利机构部门的调整可支配收入之和仍为国民可支配收入。

(二)收入分配核算的基本指标

下面阐述国际标准关于收入分配核算的一些基本指标的定义和口径范围。

1. 雇员报酬和混合收入

2008 年 SNA 把从事生产活动的劳动者区分为雇员和自雇者。所谓雇员是指按照协议为企业工作,并按其贡献获得现金或实物报酬的人;所谓自雇者是

---

① 见 2008 年 SNA,第 8 章第 141 段。

指那些为自己工作的人,他们是住户拥有的非法人企业①的所有者及其家庭成员,这些人在企业工作,但不获得劳动报酬。② 针对雇员,SNA 设置了劳动报酬指标,即雇员报酬,其定义是:企业按雇员在核算期内对生产活动的贡献应付给雇员的现金或实物报酬总额。③ 针对自雇者,SNA 并没有设置相应的劳动报酬指标,而是设置了混合收入指标,它包含住户拥有的非法人企业的所有者及其家庭成员在非法人企业所做工作的回报,即劳动报酬,以及非法人企业创造的营业盈余两部分内容。SNA 之所以没有针对自雇者设置劳动报酬指标,是因为通常情况下很难把非法人企业的劳动报酬和营业盈余区分开来。

雇员报酬由工资和薪金、雇主社会缴款两部分组成。其中,工资和薪金既包括现金形式,也包括实物形式。

2. 财产收入

财产收入是金融资产和自然资源所有者将其交由其他机构单位支配时所产生的收入。金融资产所有者向另一机构单位提供资金应得的收入称为投资收入,自然资源所有者将自然资源交由另一机构单位支配供其在生产中使用应得的收入称为地租,财产收入等于投资收入与地租之和。④ 投资收入包括利息、公司已分配收入、外国直接投资的再投资收益、其他投资收入。其中,公司已分配收入包括红利和准公司收入提取;其他投资收入包括属于投保人的投资收入、养老金权益的应付投资收入和属于投资基金股东集体的投资收入。土地地租和地下资产地租是自然资源地租的两种主要形式。

3. 生产和进口税

生产和进口税包括产品税和其他生产税。产品税是指对货物和服务的生产、销售、转移、出租或交付而征收的税,以及对用于自身消费或资本形成的货物和服务而征收的税。其他生产税是针对生产中使用的土地、建筑物、其他资产等的所有权及其使用而征收的税,以及针对雇佣劳动力或支付雇员报酬而征收的税。⑤

---

① 2008 年 SNA 中的住户拥有的非法人企业就是我国的个体经营户和农户。
② 见 2008 年 SNA,第 7 章第 30 段。
③ 见 2008 年 SNA,第 7 章第 5 和 40 段。
④ 见 2008 年 SNA,第 7 章第 107、108 和 109 段。
⑤ 见 2008 年 SNA,第 7 章第 73 段。

4. 所得税、财产税等经常税

所得税、财产税等经常税主要包括：对住户收入或公司利润所征收的税；每个纳税期定期应征收的财产税。①

5. 社会缴款

社会缴款是指对社会保险计划的实际或虚拟支付，以便为社会保险的福利给付提供准备。社会缴款可以由雇主代雇员支付，或由雇员、自雇者或未受雇佣者自己支付。雇主代雇员支付的社会缴款，即雇主社会缴款，在收入初次分配环节属于雇员报酬的构成部分；在收入再分配环节，雇主社会缴款与雇员、自雇者或未受雇佣者自己支付的社会缴款一起属于住户部门对负责社会保险计划的部门的经常转移。

6. 社会福利

社会福利是住户部门获得的经常转移，用来满足因某些特定事件或环境而产生的需求，如疾病、失业、退休、居住、教育或家庭环境。社会福利由社会保险计划提供，或由社会救济提供。②

7. 其他经常转移

其他经常转移是指除所得税、财产税等经常税，社会缴款与社会福利以外的所有经常转移。其他经常转移的类型包括：非寿险的净保费和索赔；不同政府单位之间的经常转移（通常发生在不同级政府之间或本国政府与外国政府之间）；支付给为住户服务的非营利机构或从为住户服务的非营利机构获得的经常转移；常住住户和非常住住户之间的经常转移。③

8. 实物社会转移

2008年SNA关于实物社会转移指标的定义已经在前面阐述过，此处不再赘述。

二、关于收入分配核算的若干误解、分析与澄清

正如本文开头指出的，无论是在经济研究工作中还是在媒体评论中，都存

---

① 见2008年SNA,第8章第15段。
② 见2008年SNA,第8章第17段。
③ 见2008年SNA,第8章第19段。

在着对收入分配核算的某些误解。比较常见的误解主要包括六个方面,下文对此逐项进行分析与澄清。

(一) 关于收入分配核算与生产核算之间的误解

收入分配活动与生产活动是不同的,生产活动是最基本的经济活动,收入分配活动是生产活动的派生活动,是实现生产活动目的的手段。按照 2008 年 SNA 的定义,生产就是在机构单位的负责、控制和管理下运用劳动和资产将货物和服务投入转化为其他货物和服务产出的活动。①

一般情况下,收入分配活动与生产活动是容易区分开来的,但在一些特殊情况下,两者容易混淆起来。比较典型的例子是居民出租房屋活动。有人认为,房屋是居民的重要财产,所以居民出租房屋所获得的房租收入属于财产收入。财产收入是收入初次分配的重要指标,也是一种重要的收入初次分配方式。所以,把居民出租房屋所获得的房租收入作为财产收入相当于把房屋出租活动作为收入初次分配活动。那么,居民出租房屋所获得的房租收入是不是财产收入呢?根据前面阐述的 2008 年 SNA 的定义,财产收入是金融资产和自然资源两种类型资产的所有者将其交由其他机构单位支配时所产生的收入。房屋既不是金融资产,也不是自然资源,所以房屋所有者将其交由承租者使用所产生的房租收入不属于财产收入。实际上,根据 2008 年 SNA,房屋出租属于经营租赁,是一种服务生产活动,而不是收入分配活动。

生产活动与收入分配活动不同,生产活动是创造 GDP 的活动,收入分配活动是分配 GDP 的活动。如果把 GDP 比作蛋糕的话,生产活动是制作蛋糕的活动,收入分配活动是分蛋糕的活动,生产活动能够把蛋糕做大,收入分配活动只能对既定大小的蛋糕进行分割。

(二) 关于收入初次分配核算与收入再分配核算之间的误解

如前所述,2008 年 SNA 把收入再分配与收入初次分配明确区分开来。但在实践中,存在彼此混淆的情况。比如,有人认为,政府部门在收入再分配过程中都是以经常转移的方式向其他部门支付的,所以政府部门可支配收入占比必

---

① 见 2008 年 SNA,第 1 章第 40 段。

然小于政府部门初次分配收入占比。① 事实上，在收入再分配过程中，政府部门不仅以经常转移的方式向其他部门支付，也以经常转移的方式从其他部门获得收入。从公式(6)可以看出，政府部门获得的经常转移包括政府部门的所得税、财产税等经常税收入，社会缴款收入和其他经常转移收入，政府部门支付的经常转移包括政府部门的所得税、财产税等经常税支出，社会福利支出和其他经常转移支出。其中，政府部门的所得税、财产税等经常税收入包括各部门，也包括政府部门本身所属的机构单位向政府部门支付的所得税、财产税等经常税。所以，政府部门的所得税、财产税等经常税收入要远大于政府部门的所得税、财产税等经常税支出，这是政府部门可支配收入占比一般要大于政府部门初次分配收入占比的最重要原因。我国的情况是如此，以直接税为主的发达国家的情况更是如此。此外，政府部门的社会缴款收入有时也大于其社会福利支出，政府部门的其他经常转移收入有时也大于其他经常转移支出。所以，一般情况下，政府部门可支配收入占比大于政府部门初次分配收入占比。

有人之所以产生这种观点，主要原因在于：一是没有把初次分配环节的税收与再分配环节的税收区分开来，以为税收都是政府部门的初次分配收入，再分配环节没有税收收入。事实上，SNA把税收区分为三种类型，第一种是生产和进口税②，属于初次分配环节的税收；第二种是所得税、财产税等经常税③，属于再分配环节的税收；第三种是资本税，属于资本转移环节的税收。其中，生产和进口税增加政府部门的初次分配收入，进而增加政府部门的可支配收入；所得税、财产税等经常税只增加政府部门的可支配收入，不增加政府部门的初次分配收入；资本税只增加政府部门的资产净值，既不增加政府部门的初次分配收入，也不增加政府部门的可支配收入。

二是只考虑了政府部门在再分配环节支付的社会福利，没有考虑在这一环节获得的社会缴款。在有些年度，政府部门的社会福利支出大于其社会缴款收入；在有些年度，则恰好相反。在前一种情况下，政府部门的社会福利支出与其社会缴款收入的差额减少政府部门的可支配收入；在后一种情况下，上述差额

---

① 政府部门初次分配收入占比即政府部门初次分配收入占国民收入的比重，政府部门可支配收入占比即政府部门可支配收入占国民可支配收入的比重。
② 见前一部分关于生产和进口税的定义。
③ 见前一部分关于收入税、财产税等经常税的定义。

增加政府部门的可支配收入。

（三）关于实物收入再分配核算与收入再分配核算之间的误解

如前所述，2008年SNA把实物收入再分配与收入再分配明确区分开来。但在实践中，存在彼此混淆的情况。例如，有人认为，我国居民可支配收入没有包括由财政支付、居民享受的教育、文化、医疗服务等实物性转移收入，这是我国居民可支配收入及其占国民可支配收入比重被低估的重要原因，从而没有反映居民实际收入水平，没有反映出政府在增加居民收入、改善民生方面的作用。

这个问题应从两个方面解释。一方面，提出这一问题的人没有弄清楚实物收入再分配与收入再分配的关系。我国居民可支配收入的确没有包括由财政支付、居民享受的教育、文化、医疗服务等实物性转移收入。[①] 但是，按照2008年SNA的核算规则，这种类型的实物性转移不属于一般性的经常转移，而属于实物社会转移，不应当包括在居民可支配收入中，而应当包括在居民的调整可支配收入中。所以，我国居民可支配收入没有包括由财政支付、居民享受的教育、文化、医疗服务等实物性转移收入是对的，因此，不能得出这是我国居民可支配收入及其占国民可支配收入比重被低估的重要原因这一结论。

另一方面，实物收入再分配核算的确可以更全面地反映居民实际收入水平和居民实际消费水平，更好地反映政府在改善民生方面的作用。目前我国尚未开展这方面的核算，我们应当引入2008年SNA的实物收入再分配核算，把由财政支付、居民享受的教育、文化、医疗服务等实物性转移收入作为政府部门对住户部门的实物社会转移，增加居民的调整可支配收入和实际最终消费，完善我国的收入分配核算，更全面地反映我国居民实际收入水平和实际消费水平，更好地反映政府在改善民生方面的作用。

（四）关于收入分配核算与重估价核算之间的误解

2008年SNA将收入分配核算与重估价核算严格区分开来。但在我国的现实经济生活中，存在两者彼此混淆的情况。例如，有人提出质疑，认为我国国民

---

① 行政事业单位职工所享受的公费医疗和医药费除外，它们已经作为劳动者报酬处理，所以已经包括在居民可支配收入中。

经济核算中的居民可支配收入没有包括居民销售房屋、股票和艺术品等资产所产生的增值收入①，即这些类型资产的销售收入超过原购买价值造成的差额，而这些收入同工资、利息收入一样可以用来购买消费品和进行投资，所以认为我国国民经济核算中的居民可支配收入没有完整地反映居民收入；同时，也没有反映出富人与穷人之间的收入差距，因为富人有能力购买较多的房屋，购买股票和艺术品等资产，从而有机会获得相应的增值收入，而穷人甚至没有能力购买个人的生活用房，更谈不上购买多余的房屋，购买股票和艺术品等资产，所以不可能获得相应的增值收入。

在房屋、股票和艺术品等资产价格上升的情况下，居民销售这些资产的确可以获得增值收入，这些增值收入同居民获得的工资、利息等收入一样可用于购买消费品和用于投资，为什么这些增值收入不计入居民可支配收入呢？

按照国际标准，居民可支配收入是在不动用居民资产（包括金融资产和非金融资产）和发生负债的情况下，居民消费支出的最大值。在国际标准中，居民拥有的房屋、股票和艺术品等资产价格上升带来的增值收入称为持有收益，居民销售这些资产获得的增值收入称为已实现的持有收益。这种持有收益属于居民资产的增值，如果居民消费支出动用了这些持有收益，也就是动用了居民的资产，导致居民资产的减少，这样居民消费支出就突破了居民可支配收入的概念界限，所以，这些增值收入是不允许计入居民可支配收入的。

在国际标准中，资产价格上升或下降给所有者带来的持有收益或损失，是通过重估价核算来反映的。资产价格的上升给所有者带来的持有收益增加所有者的相应资产价值，而资产价格的下降给所有者带来的持有损失减少相应资产的价值。持有收益或损失影响的是资产持有者的资产净值，而不是影响资产所有者的可支配收入。所以，那些因为我国国民经济核算中的居民可支配收入没有包括居民销售房屋、股票和艺术品等资产所产生的增值收入而认为我国国民经济核算中的居民可支配收入没有完整地反映居民收入，并因此认为我国国民经济核算中的居民可支配收入没有反映出富人与穷人之间的收入差距的人，是把收入分配核算与重估价核算混淆起来了。

---

① 这里之所以讲我国国民经济核算中的居民可支配收入，是因为我国住户调查中也有居民可支配收入，两者关于居民销售房屋、股票和艺术品等资产所产生的增值收入的处理方法是不一样的，前者不包括这种增值收入，而后者则包括这种增值收入。

(五) 关于收入分配核算与财富分配核算之间的误解

在现实经济生活中,收入分配核算与财富分配核算经常被混淆起来。例如,不同居民群体之间的财富分配差距经常被说成是收入分配差距。实际上,收入分配核算与财富分配核算是不同的核算领域,影响财富分配变动的因素要比影响收入分配变动的因素复杂。

什么是财富？一个机构单位的财富指的是其拥有的所有资产价值减去所有未偿还的负债价值,即所谓资产净值。其中的所有资产既包括非金融资产,也包括金融资产。一个机构部门的财富等于该机构部门所有机构单位财富的合计。一个国家的财富称为国民财富,等于所有常住机构部门财富的合计,也等于该国拥有的所有非金融资产与对国外的净金融债权之和。

财富分配既包括国民财富在非金融公司部门、金融公司部门、政府部门、为住户服务的非营利机构部门和住户部门之间的分配,也包括国民财富在上述各机构部门内部的分配,例如,在住户部门内部不同类型住户之间的分配。国民财富在各机构部门内部的分配结构也是国民财富分配结构的重要组成部分,其中国民财富在住户部门内部的分配结构,体现着国民财富在不同类型居民之间的分配差距。

从定义可以看出,任何影响一个机构单位的非金融资产、金融资产和负债价值变动的因素都可能会影响到这个机构单位财富的变化。对于一个机构部门和一个国家来说也是如此。概括起来,影响一个机构单位财富变化的因素主要包括以下几个方面:一是储蓄;二是资本转移净收入;三是固定资本消耗;四是资产和负债价格变化产生的持有收益;五是资产物量其他变化。因此,这些因素也都是影响一个国家财富分配变化的主要因素。

储蓄是机构单位可支配收入用于最终消费支出之后的结余部分。[①] 储蓄可能是正值,也可能是负值。当储蓄为正值时,表明可支配收入没有被完全消费掉,剩余部分将用于购置非金融资产、金融资产,或用于偿还负债,从而增加机构单位的资产净值;当储蓄为负值时,表明可支配收入不足以支付最终消费支出,只能通过处置非金融资产、金融资产或承担债务的方式进行弥补,从而减少

---

① 对于企业(包括非金融公司和金融公司)来说,没有最终消费支出,所以储蓄等于可支配收入。

机构单位的资产净值。因此,储蓄是机构单位财富变化的重要来源。事实上,储蓄是机构单位财富变化的最重要来源,因此是影响机构单位财富变化的最重要因素。

资本转移是无回报的转移,在资本转移中,给予转移的一方通过处置资产、放弃金融债权来筹集资金;或者接受转移的一方获得资产;或者两个条件同时满足。一个机构单位的资本转移净收入等于资本转移收入与资本转移支出的差额。当资本转移收入大于资本转移支出时,资本转移净收入为正值;反之,则为负值。当资本转移净收入为正值时,它增加该机构单位的非金融资产、金融资产,或者减少其负债,从而增加其资产净值;当资本转移净收入为负值时,它减少该机构单位的非金融资产、金融资产,或者增加其负债,从而减少其资产净值。因此,资本转移净收入对机构单位的财富变化产生重要影响。

随着时间的推移,生产者拥有的固定资产的使用寿命往往会缩短,使用效率往往会降低,所以固定资产的存量价值会下降。表现这种固定资产存量价值下降的指标称为固定资本消耗。固定资本消耗减少固定资本存量价值,从而减少机构单位的财富。

各种类型资产,包括各种类型的非金融资产和各种类型的金融资产都有可能给其所有者带来持有收益或持有损失。同样,各种类型负债也都有可能给其承担者带来持有收益或持有损失。持有收益会增加相应资产的所有者和相应负债的承担者的资产净值;持有损失会减少相应资产的所有者和相应负债的承担者的资产净值。因此,持有收益或持有损失对机构单位的财富产生影响。

在国际标准中,既不是由于机构单位之间交易引起的,也不是由于持有收益和持有损失引起的资产、负债和资产净值的变化称为资产物量其他变化。这种变化包括多种类型,例如发现新的可开采矿藏;由于开采导致的地下资产储量的减少;大地震、火山爆发、海啸、特大飓风等自然灾害,战争、骚乱等政治事件导致的资产损失等。资产物量其他变化导致机构单位资产净值发生变化,即导致机构单位财富发生变化。

上述影响一个机构单位财富变化,同时也是影响一个国家财富分配变化的五个主要因素中,只有储蓄与收入分配有关,因为储蓄是可支配收入与最终消费支出之间的差额。当一个机构单位的可支配收入发生变化时,该机构单位的储蓄一般也会发生变化;当一个机构部门的可支配收入发生变化时,该机构部门的储蓄一般也会发生变化;当一个国家的可支配收入发生变化时,这个国家的储蓄一般也会发生变化。

因此,尽管收入分配核算与财富分配核算之间存在联系,但并不是一回事。影响财富分配变化的因素远比影响收入分配变化的因素复杂。

收入分配差距与财富分配差距之间存在联系,但也不是一回事,收入分配差距只是财富分配差距的来源之一,上述影响一个国家财富分配变化的其他因素也是财富分配差距的来源。例如,资产价格上涨所产生的持有收益可能会加剧财富分配差距。举例来说,住房价格上涨所产生的持有收益会加剧财富分配差距,因为富人可能拥有多套住房,穷人可能连一套住房都没有,住房价格的上涨会给拥有多套住房的富人带来大量的持有收益,从而使其拥有的财富大幅度增值,而不拥有住房的穷人不得不支付更多的房租,从而进一步减少其本来就少得可怜的财富,甚至增加净负债。

(六) 关于劳动者报酬的误解

关于劳动者报酬的误解主要包括两个方面,一是把劳动者报酬等同于雇员报酬;二是对把行政事业单位的离退休金计入劳动者报酬产生疑问。

1. 把劳动者报酬等同于雇员报酬

在收入分配国际比较中,有人把我国国民经济核算中的劳动者报酬与 SNA 中的雇员报酬等同起来。

如前所述,2008 年 SNA 把从事生产活动的劳动者区分为雇员和自雇者。针对雇员,它设置了劳动报酬指标,即雇员报酬;针对自雇者,它并没有设置相应的劳动报酬指标,而是设置了混合收入指标,它包含住户拥有的非法人企业的所有者及其家庭成员在非法人企业所做工作的回报,即劳动报酬,以及非法人企业创造的营业盈余两部分内容(前面已经指出,2008 年 SNA 所说的住户拥有的非法人企业就是我国的个体经营户和农户)。所以,2008 年 SNA 并没有给出一个针对所有劳动者的劳动报酬指标。

我国国民经济核算针对所有劳动者设置了劳动报酬指标,即劳动者报酬,其定义是:劳动者因从事生产活动所获得的全部报酬,包括各种形式的工资、奖金和津贴,既包括货币形式的,也包括实物形式的,还包括劳动者享受的公费医疗和医疗卫生费、上下班交通补贴、单位支付的社会保险费、住房公积金等。①在我国国民经济核算实践中,劳动者报酬口径曾经发生过变化②,目前采用的口径可以利用公式表示如下:

$$
\begin{aligned}
劳动者报酬 &= SNA 中的雇员报酬 + 个体经营户混合收入中包含的劳动报酬 \\
&\quad + 农户的混合收入
\end{aligned} \tag{12}
$$

也就是说,我国国民经济核算把个体经营户的混合收入区分为两部分,其中一部分计入劳动者报酬,另一部分计入营业盈余;另外,我国国民经济核算把农户的混合收入全部计入劳动者报酬。③

在收入分配国际比较中,如果把劳动者报酬与雇员报酬等同起来,就会高估我国的雇员报酬占国民收入的比重。

2. 对把行政事业单位的离退休金计入劳动者报酬产生疑问

在我国国民经济核算中,单位按照国家法律规定为其职工能够得到未来的社会保险福利而向社会保险机构交纳的社会保险金(包括基本养老保险、医疗保险、失业保险、工伤保险、生育保险等)称为单位交纳的社会保险缴款,它相当于2008年SNA中的雇主实际社会缴款。按照2008年SNA的建议,我国国民经济核算把单位交纳的社会保险缴款作为劳动者报酬的构成部分处理。

在我国,行政单位和一部分事业单位的职工没有参加社会保险,职工离退休时不是从社会保险机构领取相应的社会福利,而是从行政事业单位领取离退休金。我国国民经济核算把这部分离退休金计入了行政事业单位的劳动者报酬。有人对这种处理方法产生疑问,离退休职工已经离开了工作岗位,不再从事劳动,领取的离退休金是一种福利性收入,应当作为经常转移处理,为什么要作为劳动者报酬处理呢?

实际上,行政单位和一部分事业单位离退休职工在岗工作时,并没有领取到足够的劳动报酬,那些没有领取的劳动报酬被视作当时交纳了社会保险缴款,离退休金相当于所应享受的社会福利。同时,当前在岗的行政单位和一部

---

① 见《中国国民经济核算体系(2002)》,第61页。
② 请参见许宪春,2011:《当前我国收入分配研究中的若干问题》,《比较》,第6期,第268—277页。
③ 同上。

分事业单位的职工也没有领取足够的劳动报酬,那些没有领取的劳动报酬可视作当前交纳了社会保险缴款,将来领取的离退休金作为相应的社会福利。我国国民经济核算把离退休金作为劳动者报酬的构成部分处理,实际上就是把当前在岗职工所应交纳的社会保险缴款与离退休职工的离退休金视为大体相当,是在找不到更合理的数据的情况下的一种变通的处理方法。

参 考 文 献

1. 国家统计局,2003:《中国国民经济核算体系(2002)》,北京:中国统计出版社。

2. 许宪春,2011:《当前我国收入分配研究中的若干问题》,《比较》,第6期。

3. European Commission, International Monetary Fund, Organisation for Economic Co-operation and Development, United Nations, World Bank,2009:*System of National Accounts* (SNA),2008, New York.

住户调查一体化改革中的居民收入统计

王 冉[①]

一、住户调查一体化改革的背景

受我国城乡二元结构的制约,长期以来我国的住户收支调查都是分开进行的。城镇住户收支调查面向城镇,主要采集和发布城镇居民人均可支配收入数据;农村住户收支调查面向农村,主要采集和发布农村居民人均纯收入数据。具体讲,农村住户收支调查在全国31个省(自治区、直辖市),采用分层随机抽样方法抽取896个县的7.4万农户,通过记账方式,收集家庭现金收支、实物收支及家庭经营情况等资料。城镇住户收支调查是在全国31个省(自治区、直辖市),采用分层随机抽样方法抽取476个市、县的6.6万城镇住户,通过记账方式,收集家庭收入、支出、就业及住房基本情况等资料。调查的原始数据由市、县级国家调查队编码录入审核后直接上报,由国家统计局直接汇总出全国和分省的收支数据。这些数据从总体看,来源明确,基本上客观地反映了城乡居民收支情况及其变化,为国家制定有关城乡居民收入分配政策、统筹城乡发展提供了重要的参考依据。

但是,由于城镇住户收支调查和农村住户收支调查在调查设计、调查内容和覆盖范围等方面均有所差别,这使得城乡住户调查的主要收支指标的名称和口径有所不同,概念和定义与国际标准也存在差异,抽样对象既有少量交叉,同时也遗漏了大量在城镇工作的流动群体。一直以来,我们只能分别提供城镇居

---

① 国家统计局住户调查办公室,中级统计师。

民和农村居民的收入和支出数据,无法简单整合计算出全体居民的收支数据,难以精确测算全体居民的收入差距和支出结构。而且,分别统计得出的城镇居民和农村居民的收入、支出等水平和结构方面的数据也不完全可比。

随着我国工业化、城镇化的不断加快,农村外出务工人员急剧增加,农民工的收入归属问题已成为影响城乡居民收入统计水平的一个重要因素。以前相互独立的城乡住户调查,没有很好地解决不同类型农民工及其收入是归城镇还是归农村统计这个问题。此外,随着住房改革的深化和房地产交易市场的逐步成熟,城镇自有住房户比重越来越高,城镇居民的自有房屋虚拟房租产生的收入和消费支出对城镇居民收支的影响越来越大。但在独立的城镇住户调查中,城镇居民的自有住房虚拟服务产生的收入和相应的支出并未纳入城镇居民的收入和消费支出中。

为了解决上述问题,以便更加真实准确地反映城乡居民收入增长状况,更好地满足统筹城乡发展和改善收入分配格局的需要,中国国家统计局对实行了五十多年的农村住户收支调查和城镇住户收支调查进行了一体化改革。此次改革过程充分吸收和借鉴住户调查领域的国际标准和实践经验,按照统一指标和口径、统一抽样、统一数据采集和统一数据处理的基本思路重新设计了一体化的城乡住户收支调查,并于2013年起正式在全国范围内推行。

二、住户调查一体化改革的主要内容

(一)统一指标和口径

在一体化住户调查中,中国国家统计局根据国际通用的住户收入统计堪培拉标准对收入概念和收入指标体系进行了重新设计,对现行的农村居民纯收入和城镇居民可支配收入指标进行了调整和规范,以便计算全体居民的可支配收入以及分城乡的居民可支配收入。

在一体化住户调查中,可支配收入被具体分成四个子项。

$$可支配收入 = 工资性收入 + 经营净收入 \\ + 财产净收入(财产性收入 - 财产性支出) \\ + 转移净收入(转移性收入 - 转移性支出) \qquad (1)$$

在一体化住户调查中,消费概念的设计遵循了按目的划分的个人消费分类国际标准(COICOP),从指标的分类和内涵上做到了国际可比,并且更好地满足了 CPI 权数计算和支出法 GDP 核算的需要。其中,一个重要的变化是在居住消费支出中包含了自有住房虚拟服务产生的租金,以更好地反映居民的实际消费水平和结构。

同时,在一体化住户调查中,常住人口的界定也被重新进行了规范。在一体化住户调查中,严格依据居住时间来判定常住人口,将在城镇居住半年以上的人口调整为城镇常住人口。这意味着在大规模人口流动的背景下,大量外出务工经商的农民工都将被划归为城镇常住人口。而在过去的农村住户调查中,与农村家庭有着紧密经济联系的农民工群体,不论离家多久,都被归为农村家庭人口。在新的一体化住户调查中,常住人口的定义与人口普查中的定义协调一致。

(二) 统一抽样

一体化住户调查通过统一的抽样框、样本抽选、样本轮换和样本动态管理,确保了人口覆盖不重不漏。特别是对流动人口,通过抽样方法的改进,相比于过去的农村住户调查和城镇住户调查,有了更完整的覆盖。

一体化住户调查使用第六次全国人口普查中普查小区名录及基本情况作为全国统一的抽样框。编制抽样框时,对常住人口过少的普查小区进行合并,形成规模大小基本一致的"规范普查小区",这些单元统称为调查小区。

在具体的样本抽选中,以省为总体,综合采用分层、多阶段、与人口规模大小成比例和随机等距抽样相结合的方法抽选住宅,并对抽中住宅内的住户进行调查。每个省被划分为市区层和县域层,并分别进行抽样。市区层包括所有市辖区,在每个市辖区内采用二阶段抽样方法,即每个区都要抽调查小区,抽中的调查小区再抽调查住宅;县域层包括县和县级市,采用三阶段抽样,即从县域层中抽调查县,调查县再抽调查小区,抽中的调查小区再抽调查住宅。

在每个区或抽中县(县级市)内,将所有调查小区分为城镇居委会、城镇村委会和乡村三层,每层内按照一定的社会经济指标顺序进行排序,然后采用与人口规模成比例(Probability Proportion to Size, PPS)的方法抽选调查小区。在抽中调查小区内,对调查小区内的所有建筑物进行住宅摸底,整理形成住宅抽样框,采用随机等距方法抽选固定数量的住宅。在抽中住宅中,1宅1户的,调查1户;1宅多户的,随机抽取2户进行调查。另外,住宅和住户样本每年轮换50%,以确保样本的时效性和代表性。

其中值得注意的是,一体化住户调查采用了严格的住宅抽样设计,将住宅的概念扩展至包含普通住宅、职工宿舍、工棚和工作地住宿等多种居住形式,并对住宅样本进行持续追踪和动态管理,确保其对流动人口的覆盖。

一体化住户调查共抽选了1 650个县(县级市、市辖区)的约16万住户参加调查,比之前城镇住户调查和农村住户调查的样本量之和增加了2万多户。

(三)统一数据采集

一体化住户调查数据采集的对象是中华人民共和国境内的住户,既包括城镇住户,也包括农村住户;既包括以家庭形式居住的住户,也包括以集体形式居住的住户。无论户口性质还是户口登记地,所有居民均以户为单位,在常住地参加调查。

一体化住户调查采用日记账和问卷访问相结合的方法来采集城乡居民的生活状况和收支信息。其中,居民现金收入与支出、实物收入与支出等内容主要使用记账方式采集。住户成员及劳动力从业情况、住房和耐用消费品拥有情况、家庭经营和生产投资情况、社区基本情况及其他民生状况等资料使用问卷调查方式采集。对于部分记账意愿较低的住户和集体居住户,也可以采用问卷访问的方法来采集住户收支数据,提高调查的回答率。

一体化住户调查将过去农村住户调查5年的记账周期和城镇住户调查3年的记账周期,统一缩短为两年。鼓励大中城市进一步缩短记账周期,减轻调查负担,提高调查的回答率。并且在有条件的地区,积极推广调查户使用电脑、手机、平板等进行电子记账。在数据采集的过程中,一体化住户调查加强对数据质量的控制,从源头上保障基础数据的采集,进一步提高城乡居民收入数据的质量。

(四)统一数据处理

国家统计局采用统一的数据处理程序,对采集的调查数据进行编码、录入、审核和汇总。运用插补、奇异值处理、加权、校准等先进的数据处理技术对数进行进一步的处理,以提高居民收支数据的质量。全国、省、市、县各级汇总结果均根据分户基础数据,采用加权汇总方式生成,各级汇总权数由国家统计局统一根据抽样设计来制定。

三、一体化住户调查的收入指标体系

一体化住户调查的收入指标体系主要依据国际通用的住户收入统计堪培拉标准进行设计。最新的堪培拉标准(第二版)于2011年公开出版,由来自联合国欧洲经济委员会、国际劳工组织、OECD、欧盟统计局、澳大利亚统计局、加拿大统计局等机构的统计专家参与编写,反映了目前住户收入统计的最新国际标准,反映了国际上住户收入统计的最佳实践经验和相关的建议。其中,可支配收入的概念是整个收入指标体系的核心。

一体化住户调查在收入指标体系的设计中,首先明确和规范了收入本身的内涵,即收入包括哪些内容,不包括哪些内容。这是重新设计可支配收入概念和分类的重要前提。根据堪培拉标准,住户收入包括住户或住户成员按年或更短的时间间隔(按季、按月等)收到的现金或实物(实物产品和服务),但是排除意外之财及其他非经常性和通常一次性的所得。另外,界定是否为收入的一个重要判别标准是住户收入可以用于当前的消费,同时不会减少住户的净资产,比如不会减少手存现金、不需处置其他金融或非金融资产,或者增加负债。根据以上表述,可以看到收入不仅包括现金形式的收入,还包括实物形式的收入。同时,出售资产所得和非经常性所得不应该算作收入,比如拆迁征地补偿所得、出售房产股票收藏品等财物的所得、一次性的赔偿所得等。需要注意,在住户调查中收支的计算均遵循收付实现制的原则。

在一体化住户调查中,可支配收入包括工资性收入、经营净收入、财产净收入和转移净收入这四个子项。

(一) 工资性收入

在一体化住户调查中,工资性收入包括受雇于单位或个人,从事各种自由职业、兼职和零星劳动得到的全部劳动报酬和福利,其中不仅包括现金报酬,还包括实物福利以及单位出资为员工缴纳的各种社会保险费等其他劳动报酬。

实物福利既包括单位或雇主免费或低价提供的各种实物产品,如米面、植物油、牛奶、水果、糕点、床上用品、日用杂品、手机、自行车、家用电器及配件等;也包括单位或雇主免费或低价提供的各种服务,如免费或低价提供的工作餐(不包括公务招待或出差中的餐饮消费)、住宿、上下班交通工具、停车场、幼儿园、娱乐、健身、旅游和医疗保健服务,以及单位缴纳的水电费、取暖费、物业费、职工子女入学的教育赞助费等。

单位出资为员工缴纳的各种社会保障费也计入工资性收入,包括养老保险、医疗保险、工伤保险、失业保险、生育保险和住房公积金。这部分数据在数据收集过程中不直接由住户进行填报,而是根据单位缴费与个人缴费的比例再结合个人缴费的实际填报数据进行自动插补。

另外,为了与国民经济核算的劳动者报酬概念协调一致,工资性收入不再包括因员工或员工家属大病、意外伤害、意外死亡等原因支付给员工或其遗属的抚恤金和困难补助金,而将其列入转移性收入中的社会救济和补助收入;而行政事业单位人员未缴纳任何社会保险费而获得的离退休金和报销医疗费则计入工资性收入。

(二)经营净收入

经营净收入是指住户或住户成员从事生产经营活动所获得的净收入,是全部经营收入中扣除经营费用、生产性固定资产折旧和生产税净额(生产税减去生产补贴)之后得到的净收入。计算公式具体为:

$$经营净收入 = 经营收入 - 经营费用 - 生产性固定资产折旧 - 生产税净额(生产税 - 生产补贴) \qquad (2)$$

需要注意的是,在一体化住户调查中,将政府为扶持农业、林业、牧业和渔业进行的相关补贴,如粮食直补、购置和更新大型农机具补贴、良种补贴、购买生产资料综合补贴、退耕还林还草补贴、畜牧业补贴等惠农补贴视为生产经营活动中的生产补贴,即一种负的生产税,涵盖在经营净收入的计算中。

(三)财产净收入

一体化住户调查的财产净收入包括利息净收入、红利收入、储蓄性保险净收益、出租房屋收入、出租其他资产收入、转让承包土地经营权租金净收入、自有住房折算净租金和其他财产性收入。

首先根据住户收入统计堪培拉标准,出售资产或财物的所得不应计为"收入",同时转让资产所有权的溢价所得也不应计为"收入",这与国民经济核算的处理也是一致的。因此,在一体化住户调查的可支配收入口径中不包括拆迁征地补偿所得,出售住房所得(含本金、溢价或亏损),出售股票、基金等所得(含本金、溢价或亏损),出售艺术品、邮票等收藏品所得(含本金、溢价或亏损),出售其他资产和财物所得,而是将它们都归入"非收入所得"中。

同时,在住户收入统计堪培拉标准中,财产性收入是净收入的概念,财产性收入的各个子项都是净收入的概念,比如利息净收入是利息收入扣除了利息支出后的净值。一体化住户调查财产净收入的设计也遵循了这一原则。

在一体化住户调查中,财产净收入中包含了出租房屋收入和出租机械、专利、版权等其他资产的收入。需要补充说明的是,在国民经济核算中,出租房屋收入和出租机械、专利、版权等其他资产的收入计入"经营性收入"。但是,堪培拉标准将出租房屋收入和出租机械、专利、版权等其他资产的收入列入"财产性收入"。考虑到住户调查本身的特点、我国住户调查历史数据的衔接和一般受众对财产性收入的理解,一体化住户调查仍然将出租房屋收入和出租机械、专利、版权等其他资产的收入归入"财产净收入"中。

另外,在一体化住户调查中,财产净收入还增加了自有住房折算净租金一项,即自有住房虚拟服务产生的净收入,并且是一种实物收入。在堪培拉收入框架以及国民经济核算的收入框架中,居民的可支配收入均包括自有住房虚拟服务产生的收入。但在实际操作中,是否在官方发布的居民可支配收入数据中包含自有住户虚拟服务的收入仍存在一定争议,各个国家的处理也不一样。美国、澳大利亚、德国、芬兰、韩国等官方统计机构目前已经在居民的可支配收入指标中包含了自有住房虚拟服务产生的收入。但是,同时也有很多国家目前官方发布的居民可支配收入数据中并不包含自有住房虚拟服务产生的收入,例如英国、加拿大、法国、挪威、日本等国的官方统计机构。

具体来讲,自有住房折算净租金是指现住房产权为自有住房(含自建住房、自购商品房、自购房改住房、自购保障性住房、拆迁安置房、继承或获赠住房)的住户为自身消费提供住房服务的折算价值扣除折旧后得到的净租金。具体计

算方法为:

$$自有住房年度折算净租金 = 自有住房年度折算租金 - 购建房年度分摊成本 \quad (3)$$

自有住房年度折算租金主要是依据自有住房的市场估值和使用年限进行折算,而购建房年度分摊成本是按照购建房的价格和相应的年折旧率进行计算。由于大多数的农村区域并不存在住房交易市场,难以对其进行估值,一般就认为农村居民的房屋市场价值等同于当年的建房价格,折算后的净租金为零。因此,在实际操作中仅针对城镇居民计算自有住房折算净租金。

(四) 转移净收入

在一体化住户调查中,转移净收入是转移性收入减去转移性支出后的净值。其中,转移性收入包括养老金、社会救济和补助、政策性生活补贴、报销医疗费、农村外出从业人员寄回带回收入、赡养收入和其他经常转移收入;转移性支出包括个人所得税、社会保障支出、农村外来从业人员寄给家人的支出、赡养支出和其他经常转移支出。

根据住户收入统计堪培拉标准,转移性收入和转移性支出都强调"经常性"的概念,一些一次性或非经常性的所得不应计为"收入"。因此,在一体化住户调查的收入概念设计中,可支配收入口径中不包括遗产及一次性馈赠所得、一次性赔偿所得、博彩所得、压岁钱、婚丧嫁娶礼金所得等,而是将它们归入"非收入所得"中。与之对应,将一次性馈赠支出、一次性赔偿支出、博彩支出、压岁钱支出、婚丧嫁娶礼金支出等看做"一次性或非经常性的转移支出",也不作为可支配收入的扣减项。

同时,一体化住户调查的转移性收入涵盖了实物形式的转移性收入,例如从政府和组织免费或低价得到的实物产品和服务,包括免费或低价提供给困难家庭的米面油、家电下乡和以旧换新等家电补贴、能源补贴、廉租房等。同时,报销医疗费也是作为实物收入记入转移性收入。

四、改革前后居民收入统计口径的比较

(一) 城镇居民收入口径的变化

改革前的城镇居民可支配收入

$$= 工资性收入 + 经营净收入 + 财产性收入 + 转移性收入$$
$$- 交纳个人所得税 - 个人交纳的社会保障支出 \qquad (4)$$

改革后的城镇居民可支配收入

$$= 工资性收入 + 经营净收入 + 财产净收入(财产性收入$$
$$- 生活贷款利息等财产性支出) + 转移净收入(转移性收入$$
$$- 个人所得税、社会保障支出、赡养支出等经常转移性支出)$$
$$\qquad (5)$$

工资性收入是城镇居民可支配收入的重要来源。改革前城镇居民的工资性收入主要涉及各种现金报酬,而改革后工资性收入的一个重要变化是涵盖了实物福利,并且将单位为员工缴纳的各种社会保险费计入工资性收入。

另外,工资性收入的其他口径变化还包括:将员工因裁员得到的一次性辞退金从原来城镇居民的转移性收入调整为工资性收入;工资性收入不再包括因员工或员工家属大病、意外伤害、意外死亡等原因支付给员工或其遗属的抚恤金和困难补助金,而将其列入转移性收入中的社会救济和补助收入;将行政事业单位人员未缴纳任何社会保险费而获得的离退休金和报销医疗费从转移性收入调整为工资性收入,从而使其与国民经济核算中的收入概念一致。

在改革前的城镇居民可支配收入口径中,财产性收入中包含了拆迁征地补偿所得、出售住房溢价所得、出售艺术品邮票等收藏品的溢价所得、出售股票基金等溢价所得;转移性收入中包含了一次性抚恤金、一次性赔偿所得(含保险赔偿)、遗产及一次性馈赠所得、压岁钱、婚丧嫁娶礼金所得、博彩所得。而在改革后的可支配收入口径中,这些都不算做"收入",而是将其计入"非收入所得"。

相对于改革前,改革后的城镇居民可支配收入的一个重要的变化是居民可支配收入口径要扣减掉转移性支出,其中涵盖个人所得税、社会保障支出、农村

外来从业人员寄给家人的支出、赡养支出和其他经常转移支出。而在改革前的城镇居民可支配收入,仅扣减个人所得税和社会保障支出。

另外,改革后的城镇居民可支配收入中新增了自有住房折算净租金,即自有住房虚拟服务产生的收入,并且将其列入财产净收入中。

最后,城镇人口覆盖范围的变化也是改革前后城镇居民可支配收入口径的一个重要变化。在改革前的城镇住户调查中,由于农民工流动性较大、调查较为困难,调查方案没有明确规定农民工在样本中的比例。同时,由于输入地政府并不重视外来农民工的收入,因而在调查样本中外来农民工群体有较多的遗漏。而在一体化住户调查中,按照常住地调查的原则,在城镇居住半年以上的流动人口也被纳入城镇居民收入的统计范围,并且通过抽样方法的改进来保证外来农民工群体的覆盖。在一体化住户调查中,对于在城镇居住半年以上的外来农民工群体,将其劳动所得计入工资性收入,同时将其寄回、带回农村老家的部分计入转移性支出,在可支配收入的计算中扣除。

(二) 农村居民收入口径的变化

$$\begin{aligned}&\text{改革前的农村居民纯收入}\\&= \text{工资性收入} + \text{经营净收入} + \text{财产性收入} + \text{转移性收入}\\&\quad - \text{税费支出} - \text{赠送农村亲友支出}\end{aligned} \quad (6)$$

$$\begin{aligned}&\text{改革后的农村居民可支配收入}\\&= \text{工资性收入} + \text{经营净收入}\\&\quad + \text{财产净收入}(\text{财产性收入} - \text{生活贷款利息等财产性支出})\\&\quad + \text{转移净收入}(\text{转移性收入} - \text{个人所得税、社会保障支出、}\\&\qquad \text{赡养支出等经常转移性支出})\end{aligned} \quad (7)$$

在一体化住户调查中,对于农村居民来说,人均纯收入指标被调整为人均可支配收入指标。其中最大的变化是要扣减转移性支出,包括个人所得税、社会保障支出、赡养支出和其他经常性转移支出。而在纯收入口径中,不需扣减任何转移性支出。

对于工资性收入,改革后的农村居民纯收入计算明确了从单位或雇主得到的实物福利、单位为员工缴纳的各种社会保险费、一次性得到的辞退金等都应计入工资性收入。

对于经营净收入,改革后的农村居民纯收入计算将政府为扶持农业、林业、牧业和渔业进行的相关补贴,如粮食直补、购置和更新大型农机具补贴、良种补贴、购买生产资料综合补贴、退耕还林还草补贴、畜牧业补贴等惠农补贴视为第一产业经营活动中的生产补贴,即一种负的生产税,纳入经营净收入的计算中;而在改革前的农村居民纯收入计算中,惠农补贴被视为转移性收入。另外,在改革前的农村居民纯收入计算中,因租借或转包其他农户的土地进行经营而产生的土地流转费用计入"财产性支出",而在改革后的可支配收入计算中,将其看做生产经营费用,纳入经营净收入的计算中。

在改革前的农村居民纯收入中,财产性收入中包含了土地征地补偿以及投资住房、股票基金和收藏品等的投资收益;转移性收入中包含了一次性抚恤金、一次性赔偿所得(含保险赔偿)。而在改革后的可支配收入口径中,这些都不看做是"收入",而是将其计入"非收入所得"。

最后,农村常住人口的覆盖范围也是改革前后农村居民收入口径的一个重要变化。在过去的农村住户调查中,农村常住人口包括了外出半年以上,但是与家庭保持紧密经济联系的外出农民工群体,他们的外出务工收入是农村住户收入的重要组成部分。而在一体化住户调查中,这部分在城镇工作半年以上的外出农民工群体将被归为城镇人口,不再作为计算农村居民人均可支配收入的分母,并且只有他们寄回、带回的收入才会被算做农村居民的收入。

附　　录

附表1　改革前后城乡居民收入指标体系

一体化住户调查	城镇住户调查	农村住户调查
可支配收入 (= 工资性收入 　+ 经营净收入 　+ 财产净收入 　+ 转移净收入)	可支配收入 (= 工资性收入 　+ 经营净收入 　+ 财产性收入 　+ 转移性收入 　- 个人所得税 　- 个人交纳的社会 　　保障支出)	纯收入 (= 工资性收入 　+ 经营净收入 　+ 财产性收入 　+ 转移性收入)

(续表)

一体化住户调查	城镇住户调查	农村住户调查
（一）工资性收入	（一）工资性收入	（一）工资性收入
1. 工资	1. 工资及补贴收入	1. 在非企业组织中劳动得到收入
2. 实物福利	2. 其他劳动收入	2. 在本乡地域内劳动得到收入
3. 其他		3. 外出从业得到收入
（二）经营净收入	（二）经营净收入	（二）家庭经营纯收入
1. 第一产业净收入		1. 第一产业纯收入
2. 第二产业净收入		2. 第二产业纯收入
3. 第三产业净收入		3. 第三产业纯收入
（三）财产净收入	（三）财产性收入	（三）财产性收入
1. 利息净收入	1. 利息收入	1. 利息
2. 红利收入	2. 股息与红利收入	2. 集体分配股息和红利
3. 储蓄性保险净收益	3. 保险收益	3. 其他股息和红利
4. 出租房屋收入	4. 其他投资收入	4. 储蓄性保险投资收入
5. 出租其他资产收入	5. 出租房屋收入	5. 其他投资收益
6. 转让承包土地经营权租金净收入	6. 知识产权收入	6. 租金（包括农业机械）
7. 自有住房折算净租金	7. 其他财产性收入	7. 出让无形资产净收入
8. 其他		8. 其他
		9. 土地征用补偿收入
		10. 转让承包土地经营权收入
（四）转移净收入（=转移性收入-转移性支出）	（四）转移性收入	（四）转移性收入
1. 转移性收入	1. 养老金或离退休金	1. 离退休金或养老金
（1）养老金	2. 社会救济收入	2. 救济金
（2）社会救济和补助	3. 赔偿收入	3. 抚恤金
（3）政策性生活补贴	4. 保险收入	4. 得到赔款
（4）报销医疗费	5. 赡养收入	5. 报销医疗费
（5）农村外出从业人员寄回带回收入	6. 捐赠收入	6. 城市亲友支付赡养费
（6）赡养收入	7. 辞退金	7. 农村亲友支付赡养费
（7）其他经常转移收入	8. 提取住房公积金	8. 城市亲友赠送
2. 转移性支出	9. 记账补贴	9. 家庭非常住人口寄回和带回
（1）个人所得税	10. 其他转移性收入	10. 救灾款

（续表）

一体化住户调查	城镇住户调查	农村住户调查
（2）社会保障支出		11. 退税
（3）农村外来从业人员寄给家人的支出		12. 退耕还林还草补贴
（4）赡养支出		13. 无偿扶贫或扶持款
（5）其他经常转移支出		14. 其他

附表 2　城镇居民人均收入改革前后的主要差异

改革前	可支配收入 = 工资性收入 + 经营净收入 + 财产性收入 + 转移性收入 　　　　　－ 税费支出 － 交纳社保费用支出 人均可支配收入 = 可支配收入/(城镇居住时间超过半年的本地人口 + 少量农民工)
改革后	可支配收入 = 工资性收入 + 经营净收入 + 财产净收入 + 转移净收入 人均可支配收入 = 可支配收入/在城镇居住时间超过半年人口
改革前后差异	分母：扩大了城镇居民的人口范围，将居住超过半年的农民工计为城镇常住人口 分子：（1）工资性收入中增加了实物形式的报酬； 　　　（2）在财产净收入中增加了自有住房折算净租金； 　　　（3）在财产净收入中要扣除生活性借贷款利息支出等财产性支出； 　　　（4）在转移净收入中要扣除税费支出和交纳社保费用支出之外的其他转移性支出； 　　　（5）将居住超过半年的外来农民工收入主要归入工资性收入，寄给农村家人的支出归入转移性支出，在计算可支配收入时要扣减掉

附表 3　农村居民人均收入改革前后的主要差异

改革前	纯收入 = 工资性收入 + 经营净收入 + 财产性收入 + 转移性收入 　　　　－ 税费支出 － 赠送农村亲友支出 人均纯收入 = 纯收入/(农村居住时间超过半年人口 + 住户中外出半年以上农民工)
改革后	可支配收入 = 工资性收入 + 经营净收入 + 财产净收入 + 转移净收入 人均可支配收入 = 可支配收入/农村居住时间超过半年人口
改革前后差异	分母：不再包括住户中外出半年以上农民工 分子：（1）惠农补贴不再计入转移性收入，而是作为负的生产税计入经营净收入； 　　　（2）财产净收入中不再包括土地征地补偿； 　　　（3）在转移净收入中扣除个人所得税、社会保障费用、赡养支出等转移性支出； 　　　（4）调整了外出农民工寄带回收入的归类，只将农村外出从业人员寄回和带回的收入计入转移性收入

参 考 文 献

1. United Nations Economic Commission for Europe, 2011: *Canberra Group Handbook on Household Income Statistics*, Second Edition.

2. European Commission, International Monetary Fund, Organisation for Economic Co-operation and Development, United Nations, World Bank, 2011: *System of National Accounts* (SNA), 2008, New York.

3. 国家统计局,2013:《住户收支与生活状况调查方案(2014年度)》。

4. 国家统计局,2011:《农村住户调查方案(2011年统计年报和2012年定期报表)》。

5. 国家统计局,2011:《城镇住户调查方案(2011年统计年报和2012年定期报表)》。

6. 国家统计局,2013:《中国主要统计指标诠释》(第二版),北京:中国统计出版社。

住户调查与资金流量表中的居民收入之间的协调

许宪春

近年来,国家统计局开展了城乡住户调查一体化改革。这项改革在对城镇住户调查与农村住户调查统计指标进行协调的同时,也对住户调查与国民经济核算统计指标进行了协调,包括住户调查中的居民收入与资金流量表中的居民收入之间的协调和住户调查中的居民消费支出与支出法 GDP 中的居民消费支出之间的协调。本文试图对住户调查中的居民收入与资金流量表中的居民收入之间的协调进行阐述,以利于广大用户了解有关情况,准确地理解和正确地使用相应统计指标。

一、现行住户调查中的居民收入与资金流量表中的居民收入之间的区别

本部分对现行住户调查中的居民收入与资金流量表中的居民收入之间的区别进行概括。

在我国,国民收入分配核算是通过资金流量表[①]实施的。国民收入分配核

[①] 中国国民经济核算体系包括五张基本核算表,即国内生产总值表、投入产出表、资金流量表、国际收支表和资产负债表,见《中国国民经济核算体系(2002)》。

算的核心指标是国民可支配收入①,用公式表示就是:

$$国民可支配收入 = 居民可支配收入 + 企业可支配收入 + 政府可支配收入② \quad (1)$$

公式(1)中的居民可支配收入、企业可支配收入和政府可支配收入的具体收入来源项目有所不同,其中居民可支配收入的具体收入来源项目可用公式表示如下:

$$居民可支配收入 = 劳动者报酬 + 营业盈余 + 财产净收入 + 经常转移净收入③ \quad (2)$$

可见,资金流量表中的居民可支配收入由劳动者报酬、营业盈余、财产净收入和经常转移净收入四个项目组成。

居民收入是住户调查的核心指标。受城乡二元结构的影响,我国的城乡住户调查一直是分开进行的,反映农村居民收入的指标是农村居民纯收入,反映城镇居民收入的指标是城镇居民可支配收入。

$$农村居民纯收入 = 工资性收入 + 经营性净收入 + 财产性收入 + (转移性收入 - 赠送农村内部亲友支出)④ \quad (3)$$

$$城镇居民可支配收入 = 工资性收入 + 经营性净收入 + 财产性收入 + (转移性收入 - 交纳个人所得税 - 个人交纳的社会保障支出)⑤ \quad (4)$$

可见,农村居民纯收入和城镇居民可支配收入都由四个项目组成,其中前三个项目,即工资性收入、经营性净收入和财产性收入是一样的,最后一个项目有所不同,前者是转移性收入扣除赠送农村内部亲友支出,后者是转移性收入

---

① 在资金流量表中,居民、企业、政府的可支配收入和国民可支配收入都包括可支配总收入和可支配净收入,两者之间的差别在于前者包括固定资产折旧,后者不包括固定资产折旧。本文中涉及的所有可支配收入均指的是可支配净收入。
② 请参见许宪春,2013:《准确理解中国的收入、消费和投资》,《中国社会科学》,第2期,第4—24页,公式(1)。
③ 同上文,公式(3)。
④ 同上文,公式(6)。
⑤ 同上文,公式(10)。

扣除交纳个人所得税和个人交纳的社会保障支出。赠送农村内部亲友支出和交纳个人所得税、个人交纳的社会保障支出,除了个人交纳的社会保障支出中包括的住房公积金外①都是转移性支出,但都没有包括转移性支出的全部。因此,农村居民纯收入与城镇居民可支配收入关于转移性支出的扣除是不一致的,也都是不完整的。同时,城镇居民可支配收入中扣除的个人交纳的住房公积金不属于转移性支出。

另外,农村居民纯收入是利用农村住户收支调查资料计算出来的,其中的收入项目既包括现金收入,也包括实物收入,例如农村居民自己生产自己消费的农林牧渔业产品收入;城镇居民可支配收入是利用城镇住户现金收支调查资料计算出来的,其中的收入项目只包括现金收入,不包括实物收入,例如城镇居民以实物报酬和实物转移的形式获得的收入以及城镇居民自己生产自己消费的农副产品收入。因此,实际上,农村居民纯收入的有关构成项目与城镇居民可支配收入的对应项目存在不一致性,例如工资性收入、经营性净收入和转移性收入,这种不一致性导致农村居民纯收入和城镇居民可支配收入之间存在区别。

农村居民纯收入与城镇居民可支配收入之间的上述区别直接影响到现行住户调查中的居民收入与资金流量表中的居民收入之间的区别:一是农村居民纯收入和城镇居民可支配收入中关于转移性支出扣除项目的不同,导致资金流量表中的居民可支配收入的构成项目,经常转移净收入,既不同于农村居民纯收入的相应构成项目,也不同于城镇居民可支配收入的相应构成项目;二是农村居民纯收入与城镇居民可支配收入关于实物收入口径的不一致性,导致资金流量表中的居民可支配收入与城镇居民可支配收入在相应口径上产生区别。除此之外,现行住户调查中的居民收入与资金流量表中的居民收入之间还存在其他方面的区别。

下面忽略农村居民纯收入与城镇居民可支配收入之间的上述区别,假定住户调查中的农村居民纯收入和城镇居民可支配收入在口径上是一致的,讨论住户调查中的居民可支配收入的四个构成项目,即工资性收入、经营净收入、财产性收入和转移性收入与资金流量表中的居民可支配收入的四个相应构成项目,即劳动者报酬、营业盈余、财产净收入和经常转移净收入之间的区别。

---

① 从国民经济核算的角度看,个人交纳的住房公积金属于金融资产的增加,而不属于转移支出。

(一) 工资性收入与劳动者报酬之间的区别

住户调查中的工资性收入与资金流量表中的劳动者报酬之间主要存在以下区别：一是资金流量表中的劳动者报酬包括单位交纳的社会保险缴款，单位交纳的住房公积金以及行政事业单位职工的离退休金及其所享受的公费医疗和医药费[①]，而住户调查中的工资性收入不包括上述项目；二是资金流量表中的劳动者报酬包括个体经营户的业主及其家庭成员的劳动报酬以及农户户主及其家庭成员的劳动报酬和农户创造的利润，而住户调查中的工资性收入不包括这些收入。

(二) 经营性净收入与营业盈余之间的区别

住户调查中的经营性净收入与资金流量表中的营业盈余之间主要存在以下区别：一是住户调查中的经营性净收入包括个体经营户的业主及其家庭成员投入劳动应得的报酬和个体经营户创造的利润，也包括农户户主及其家庭成员投入劳动应得的报酬和农户创造的利润，而资金流量表中的营业盈余只包括个体经营户创造的利润。[②] 二是资金流量表中的营业盈余包括农户得到的农业生产补贴，如粮食直补、购置和更新大型农机具补贴、良种补贴、购买生产资料综合补贴、退耕还林还草补贴、畜牧业补贴等，而住户调查没有把这种补贴作为经营性净收入，而是作为农户的转移性收入处理。[③] 三是资金流量表中的营业盈余包括居民出租房屋的租金净收入，而住户调查没有把这项收入作为经营性净收入，而是作为财产性收入处理（见下页关于财产性收入与财产净收入之间的区别部分）。

[①] 大部分行政事业单位没有为其职工交纳社会保险缴款，其职工基本上是直接从单位领取离退休金，享受公费医疗和医药费，这被视为社会保险缴款中的基本养老保险和医疗保险缴款的替代。

[②] 这是因为资金流量表把个体经营户的业主及其家庭成员投入劳动应得的报酬与个体经营户创造的利润进行了划分，把其中劳动应得的报酬划入了劳动者报酬，同时，把农户户主及其家庭成员投入劳动应得的报酬与农户创造的利润全部作为劳动报酬处理了，而住户调查则没有采取这种处理方法。请参见许宪春，2011：《当前我国收入分配研究中的若干问题》，《比较》，第6期，第268—277页。

[③] 请参见国家统计局，2011：《农村住户调查方案（2011年统计年报和2012年定期报表）》，第38页。

(三) 财产性收入与财产净收入之间的区别

住户调查中的财产性收入与资金流量表中的财产净收入之间主要存在以下区别：一是关于"支出"处理的区别。在资金流量表中，体现在居民可支配收入中的是财产净收入，即应收财产收入与应付财产收入的差额；在住户调查中，体现在居民可支配收入中的是财产性收入，没有扣除财产性支出，例如居民生活用贷款利息支出。二是关于"应收"和"实收"的区别。资金流量表采取的是权责发生制原则，所以它的财产收入是当期应收财产收入，而住户调查采取的是收付实现制原则，所以它的财产性收入是当期实际得到的财产性收入。例如，就居民在银行和非银行金融机构存款获得的利息收入来说，资金流量表中的居民财产收入记录的是居民的相应存款在当期应得的利息收入，而住户调查中的居民财产性收入记录的是居民的相应存款在当期实际领取的利息收入。三是关于出租房屋的租金净收入处理的区别。在资金流量表中，出租房屋与出租其他固定资产一样，属于生产活动，从而出租房屋的租金净收入，即出租房屋的租金收入扣除有关税费和维修费用等各种成本支出属于增加值的构成部分（即营业盈余），而在住户调查中，出租房屋的租金净收入是作为财产性收入处理的。[1] 作为增加值处理与作为财产性收入处理是完全不同的，因为增加值是新的生产成果的创造，而财产性收入是对已有生产成果的分配。如果把 GDP 比做蛋糕的话，增加值是增大蛋糕，而财产性收入是分蛋糕。四是出售艺术品、邮票等收藏品超过原购买价部分的收入和财产转让溢价部分的收入处理的区别。在住户调查中，出售艺术品、邮票等收藏品超过原购买价部分的收入，财产转让溢价部分的收入，包括出售住房增值部分的收入是作为财产性收入处理的[2]；在国民经济核算中，上述收入应当作为持有收益处理。[3] 在国民经济核算

---

[1] 请参见国家统计局，2011：《城镇住户调查方案（2011 年统计年报和 2012 年定期报表）》，第 6 页和第 30 页。我国住户调查的这种处理方法依据的是住户调查的国际标准，住户调查国际标准与国民经济核算国际标准关于出租房屋的租金净收入的处理方法不同，前者作为财产性收入处理，后者作为生产服务收入处理。请参见 United Nations, Canberra Group, 2011: Handbook on Household Income Statistics, Second Edition, p13。

[2] 请参见国家统计局，2011：《城镇住户调查方案（2011 年统计年报和 2012 年定期报表）》，第 30 页，关于其他投资收入的解释。

[3] 请参见许宪春，2011：《当前我国收入分配研究中的若干问题》，《比较》，第 6 期，第 268—277 页。

中,持有收益属于重估价核算的范围,不属于收入分配核算的范围,所以资金流量表中的居民可支配收入不包括上述收入。五是转让承包土地经营权收入处理的区别。在住户调查中,转让承包土地经营权收入是作为财产性收入处理的[①];在资金流量表中,对转让承包土地经营权收入的处理方法尚未做出明确的规定,在即将进行的改革中作为财产收入处理。

(四) 转移性收入与经常转移净收入之间的区别

住户调查中的转移性收入[②]与资金流量表中的经常转移净收入之间主要存在以下区别:一是关于"支出"处理的区别。在资金流量表中,体现在居民可支配收入中的是经常转移净收入,即经常转移收入与经常转移支出的差额;在住户调查中,体现在居民可支配收入中的主要是转移性收入,没有完全扣除转移性支出。例如,农村住户调查只扣除了赠送农村内部亲友支出,城镇住户调查只扣除了交纳个人所得税和个人交纳的社会保障支出,没有扣除其他转移性支出。二是关于单位交纳的社会保险缴款处理的区别。在资金流量表中,单位交纳的社会保险缴款在作为劳动者报酬处理的同时,又以居民的经常转移支出的形式支付出去了;在住户调查中没有相应的转移性支出。三是关于行政事业单位职工离退休金处理的区别。在住户调查中,行政事业单位职工的离退休金是作为转移性收入处理的,在资金流量表中,行政事业单位职工的离退休金是作为劳动者报酬处理的。四是关于个人提取的住房公积金处理的区别。在住户调查中,个人提取的住房公积金是作为转移性收入处理的[③],而在资金流量表中,个人提取的住房公积金是作为居民金融债权的减少处理的。

---

① 请参见国家统计局,2011:《农村住户调查方案(2011 年统计年报和 2012 年定期报表)》,第 38 页。
② 转移性收入应当包括经常性转移收入和资本性转移收入两种类型,但从住户调查的定义看,其中的转移性收入主要是经常性转移收入,所以本文在讨论住户调查中的转移性收入与资金流量表中的经常转移净收入之间的区别时没有讨论这方面的区别。请参见国家统计局,2011:《农村住户调查方案(2011 年统计年报和 2012 年定期报表)》,第 30 页;国家统计局,2011:《城镇住户调查方案(2011 年统计年报和 2012 年定期报表)》,第 30 页。
③ 请参见国家统计局,2011:《城镇住户调查方案(2011 年统计年报和 2012 年定期报表)》,第 6 页和第 31 页;国家统计局,2011:《国家统计调查制度,2012》,第 799 页和第 1382 页。

二、城乡住户调查一体化改革对居民收入的修订

城乡住户调查一体化改革对农村居民纯收入和城镇居民可支配收入进行了修订。对农村居民纯收入的修订包括指标名称的修订和构成项目的修订,农村居民纯收入修订为农村居民可支配收入,其构成项目修订如下:

$$农村居民可支配收入 = 工资性收入 + 经营性净收入 \\ + 财产性净收入 + 转移性净收入 \quad (5)$$

与公式(3)对比可知,一方面,"财产性收入"修订为"财产性净收入",即扣除了财产性支出,例如居民生活用贷款利息支出;另一方面"转移性收入 – 赠送农村内部亲友支出"修订为"转移性净收入",即除了赠送农村内部亲友支出外,还扣除了其他转移性支出,例如居民个人交纳的社会保险费。

对城镇居民可支配收入的修订包括构成项目的修订和现金收入口径的修订。城镇居民可支配收入的构成项目修订如下:

$$城镇居民可支配收入 = 工资性收入 + 经营性净收入 \\ + 财产性净收入 + 转移性净收入 \quad (6)$$

与公式(4)对比可知,一方面,"财产性收入"修订为"财产性净收入",即扣除了财产性支出;另一方面,"转移性收入 – 交纳个人所得税 – 个人交纳的社会保障支出"修订为"转移性净收入",即除了交纳个人所得税和个人交纳的社会保障支出外,还扣除了其他转移性支出。

现金收入口径的修订,就是在原来的现金收入口径的城镇居民可支配收入的基础上补充城镇居民以实物报酬和实物转移形式获得的收入以及城镇居民自己生产自己消费的农副产品收入,修订为全口径的城镇居民可支配收入。

进行上述修订之后,农村居民可支配收入与城镇居民可支配收入实现了可比性和可加性。因此,在城乡住户调查一体化改革之后,就可以获得住户调查意义上的全国居民的可支配收入了。

城乡住户调查一体化改革除了对居民收入进行了上述修订外,还包括对居民收入构成项目口径的修订。

(一) 工资性收入的修订

增加单位交纳的社会保险缴款、单位交纳的住房公积金和行政事业单位职工的离退休金及其所享受的公费医疗和医药费收入。[①] 一体化改革以前,行政事业单位职工的离退休金是作为转移性收入处理的,单位交纳的社会保险缴款,单位交纳的住房公积金和行政事业单位职工所享受的公费医疗和医药费,没有体现在住户调查的居民可支配收入中;一体化改革以后,单位交纳的社会保险缴款,单位交纳的住房公积金和行政事业单位职工的离退休金及其所享受的公费医疗和医药费均计入工资性收入。

(二) 经营性净收入的修订

对经营性净收入的修订主要是增加农户获得的农业生产补贴。如前所述,一体化改革以前,我国住户调查把农户获得的农业生产补贴作为农户的转移性收入处理;一体化改革以后,为了与国民经济核算的处理方法相协调,调整为经营性净收入。

(三) 财产性收入的修订

对财产性收入的修订主要是剔除转让资产所有权的溢价所得。一体化改革以前,上述所得是作为财产性收入处理的,一体化改革之后,这部分所得计入"非收入所得"。[②]

(四) 转移性收入(支出)的修订

对转移性收入(支出)的修订主要包括以下三个方面:

一是剔除农业生产补贴。如前所述,一体化改革以前,我国住户调查把农户获得的农业生产补贴作为农户的转移性收入处理;一体化改革以后,调整为经营性净收入。

二是剔除行政事业单位职工的离退休金。如前所述,一体化改革以前,行

---

① 请参见国家统计局,2012:《住户收支与生活状况调查方案(试行)》,第76页。
② 同上书,第77页。

政事业单位职工的离退休金是作为住户的转移性收入处理的;一体化改革以后,调整为工资性收入。

三是在转移性支出中增加单位交纳的社会保险缴款、单位交纳的住房公积金支出。一体化改革以后,单位交纳的社会保险缴款、单位交纳的住房公积金首先作为职工的工资性收入处理,然后作为居民的转移性支出处理,当居民享受相应的社会福利和提取住房公积金时,再作为居民的转移性收入处理。

三、一体化改革后住户调查中的居民收入与资金流量表中的居民收入之间的协调

一体化改革以后,在实现农村住户调查和城镇住户调查中的居民收入之间的协调的同时,也明显提高了住户调查中的居民收入与资金流量表中的居民收入之间的协调程度。将公式(2)与公式(5)和(6)进行对比可知,住户调查中的居民可支配收入与资金流量表中的居民可支配收入在以下三个方面实现了一致:一是住户调查居民可支配收入中的第三个构成项目已经是财产性净收入,即已经扣除了财产性支出,这一点与资金流量表居民可支配收入中的财产净收入实现了一致;二是住户调查居民可支配收入中的第四个构成项目已经是转移性净收入,即已经扣除了全部的转移性支出,这一点与资金流量表居民可支配收入中的经常转移净收入实现了一致;三是城镇居民可支配收入由原来的现金口径收入调整为既包括现金,也包括实物的全口径收入,这一点与资金流量表中的居民可支配收入实现了一致。

此外,住户调查中的居民可支配收入与资金流量表中的居民可支配收入在四大对应构成项目上也实现了若干方面的协调。

(一) 工资性收入与劳动者报酬之间的协调

住户调查一体化改革把单位交纳的社会保险缴款、单位交纳的住房公积金以及行政事业单位职工的离退休金及其所享受的公费医疗和医药费调整为工资性收入之后,实现了住户调查中的工资性收入与资金流量表中的劳动者报酬关于这些指标处理的一致性。

（二）经营性净收入与营业盈余之间的协调

住户调查一体化改革把农户得到的农业生产补贴从农户的转移性收入调整到农户的经营性净收入之后，实现了住户调查中的经营性净收入与资金流量表中的营业盈余关于农业生产补贴处理的一致性。

（三）财产性净收入与财产净收入之间的协调

住户调查一体化改革把转让资产所有权的溢价所得不再作为财产性收入处理之后，实现了住户调查的财产性净收入和资金流量表的财产净收入关于这种溢价所得处理方法的一致性。

（四）转移性净收入与经常转移净收入之间的协调

住户调查一体化改革把农户得到的农业生产补贴从农户的转移性收入调整到农户的经营性净收入之后，不仅实现了住户调查中的经营性净收入与资金流量表中的营业盈余关于这种补贴处理的一致性，也实现了住户调查中的转移性净收入与资金流量表中的经常转移净收入关于这种补贴处理的一致性。

住户调查一体化改革把单位交纳的社会保险缴款首先作为职工的工资性收入处理，然后作为居民的转移性支出处理之后，不仅实现了住户调查中的工资性收入与资金流量表中的劳动者报酬关于这类社会保险缴款处理的一致性，也实现了住户调查中的转移性净收入与资金流量表中的经常转移净收入关于这类社会保险缴款处理的一致性。

住户调查一体化改革把行政事业单位职工的离退休金[①]从转移性收入调整为工资性收入之后，不仅实现了住户调查中的工资性收入与资金流量表中的劳动者报酬关于这类离退休金处理的一致性，也实现了住户调查中的转移性净收入与资金流量表中的经常转移净收入关于这类离退休金处理的一致性。

---

① 行政事业单位职工的离退休金与单位交纳的社会保险缴款的处理方法不同，前者直接作为工资性收入处理，后者先作工资性收入处理，然后再作转移性支出处理，当居民享受相应的社会福利时再作转移性收入处理。

四、一体化改革后住户调查中的居民收入与资金流量表中的居民收入之间的区别

一体化改革后住户调查中的居民收入与资金流量表中的居民收入之间仍然存在区别，这些区别一是表现在统计指标的口径方面，二是表现在统计指标的资料来源方面。

（一）统计指标口径方面的区别

统计指标口径方面的区别主要包括：(1) 工资性收入与劳动者报酬之间的区别，主要表现在：资金流量表中的劳动者报酬包括个体经营户的业主及其家庭成员的劳动报酬以及农户户主及其家庭成员的劳动报酬和农户创造的利润，而住户调查中的工资性收入不包括这些收入。(2) 经营性净收入与营业盈余之间的区别，主要表现在：一是住户调查中的经营性净收入包括个体经营户的业主及其家庭成员投入劳动应得的报酬和个体经营户创造的利润，也包括农户户主及其家庭成员投入劳动应得的报酬和农户创造的利润，而资金流量表中的营业盈余只包括个体经营户创造的利润。二是资金流量表中的营业盈余包括居民出租房屋的租金净收入，而住户调查中的经营性净收入不包括这项收入。(3) 财产性净收入与财产净收入之间的区别，主要表现在：一是资金流量表采取的是权责发生制原则，所以它的财产收入是当期应收财产收入，而住户调查采取的是收付实现制原则，所以它的财产性收入是当期实际得到的财产性收入。例如，就居民在银行和非银行金融机构存款获得的利息收入来说，资金流量表中的居民财产收入记录的是居民的相应存款在当期应得的利息收入，而住户调查中的居民财产性收入记录的是居民就相应存款在当期实际领取的利息收入。二是住户调查中的财产性收入包括居民出租房屋的租金净收入，而资金流量表中的财产收入不包括这项收入，如前所述，在资金流量表中，这项收入包括在营业盈余中。(4) 转移性净收入与经常转移净收入之间的区别，主要表现在居民关于单位交纳的住房公积金提取处理的区别，以及居民个人交纳的住房公积金及其提取处理的区别。在住户调查中，单位为职工交纳住房公积金时，作为工资性收入处理；职工提取相应的住房公积金时，作为转移性收入处理。

在资金流量表中,单位为职工交纳的住房公积金在作为劳动者报酬处理的同时,增加居民的金融资产;当职工提取相应的住房公积金时,减少居民的金融资产。所以,在资金流量表中,居民关于单位交纳的住房公积金的提取与经常转移收入没有关系。在住户调查中,居民个人交纳住房公积金时,作为转移性支出处理;居民提取住房公积金时,作为转移性收入处理。在资金流量表中,居民个人交纳住房公积金时,作为居民的金融资产增加处理;居民提取住房公积金时,作为居民的金融资产减少处理。所以,在资金流量表,居民个人交纳的住房公积金和提取住房公积金与经常转移收支没有关系。

(二)资料来源方面的区别

住户调查中的居民可支配收入主要是利用住户收支调查资料计算出来的,而资金流量表中的居民可支配收入的计算则采用了多种资料来源。例如,资金流量表利用经济普查中的企业资料计算普查年度的劳动者报酬,利用银行业及相关金融业损益表中的居民存款应付利息计算居民的存款利息收入,利用财政决算中对农户的农业生产补贴资料计算农户享受的生产补贴,利用人力资源社会保障部、卫生部等有关管理部门的社会保险基金支出、城镇居民养老保险基金支出、新型农村合作医疗保险基金支出、新型农村养老保险基金支出等资料计算居民享受的社会保险福利,等等。一般来说,资金流量表利用多种资料来源计算居民可支配收入能够有效地避免单一的资料来源的局限性。

显然,城乡住户调查一体化改革之后,经过一系列的统计指标口径的调整,住户调查中的居民可支配收入与资金流量表中的居民可支配收入之间的衔接程度大幅度提高了。但是由于统计指标口径之间仍然存在区别,资料来源之间也存在区别,因此,两者之间的差距依然是存在的,在应用时应当给予充分的注意。

参 考 文 献

1. 国家统计局,2003:《中国国民经济核算体系(2002)》,北京:中国统计出版社。

2. 国家统计局,2011:《城镇住户调查方案(2011年统计年报和2012年定期报表)》,10月制定。

3. 国家统计局,2011:《国家统计调查制度(2012)》,12月制定。

4. 国家统计局,2011:《农村住户调查方案(2011年统计年报和2012年定期报表)》,10月制定。

5. 国家统计局,2012:《住户收支与生活状况调查方案(试行)》(2013年度),6月制定。

6. 国家统计局国民经济核算司,2007:《中国经济普查年度国内生产总值核算方法》,北京:中国统计出版社。

7. 国家统计局国民经济核算司,2011:《中国第二次经济普查年度国内生产总值核算方法》,2月制定。

8. 国家统计局国民经济核算司,2013:《中国非经济普查年度国内生产总值核算方法》(第一次修订),1月制定。

9. 许宪春,2011:《当前我国收入分配研究中的若干问题》,《比较》,第6期。

10. 许宪春,2013:《准确理解中国的收入、消费和投资》,《中国社会科学》,第2期。

11. European Commission, International Monetary Fund, Organisation for Economic Co-operation and Development, United Nations, World Bank, 2009: *System of National Accounts*(SNA), 2008, New York.

12. United Nations, Canberra Group, 2011: *Handbook on Household Income Statistics*, Second Edition, New York and Geneva.

第二部分

收入分配数据的采集和编制方法

居民收入数据的采集

王有捐[①]

一、居民收入数据采集的作用和概念

研究居民收入分配格局,制定合理有效的收入分配政策,离不开居民收入数据的采集。在数据采集过程中,受方法、手段、环境以及采集能力差异的影响,不同组织者可能会得到不同的原始数据集,由此得出的结论也许会有较大差别。近几年,关于王小鲁博士测算的"灰色收入"规模,以及西南财经大学测算的基尼系数的争议,与其说是学者们对研究结论有不同的看法,不如说是对收入数据采集方法存在争议。因此,准确采集居民收入数据,对于全面掌握居民收入状况,深入开展收入分配问题研究,科学制定收入分配政策都有着十分重要的作用。

什么是居民收入数据采集?简单归纳起来,居民收入数据采集就是使用明确的收入概念和采集方法,以有条理的组织方式,从总体的部分或所有单元中搜集信息,并对采集中出现的缺失信息进行处理,以保持信息的全面性和代表性。组织收入数据采集,需要考虑的主要因素有:一是要有明确的收入概念。尽管人们对收入都有所了解,但每个人在收入内涵和外延上都有不同的理解。比如,收入中是否包括实物和服务收入?是应得收入还是实得收入?是税前收入还是税后收入?是否包括借贷收入、出售财物收入、拆迁补偿收入、赔偿收入?是总收入还是可支配收入?是否考虑地区生活成本差异因素而进行了购买力平价调整?若收入概念不统一,收集来的收入数据便会难以综合汇总。二

[①] 国家统计局住户调查办公室副主任,高级统计师。

是要有明确的采集方法。例如,是全面调查,还是抽样调查?是采取概率抽样还是采取典型调查、重点调查等非概率调查?是通过回忆问卷采集数据还是通过日记账采集收据?是面访,还是电话调查、网络调查、邮寄调查?调查问卷如何设计?样本如何确定?针对不同的调查方法,会有不一样的调查误差,从而影响调查数据质量。三是要有严谨的组织实施。调查队伍的组建、培训和管理,调查过程的监督和检查,调查结果的复查和验收等,也会影响调查数据质量。四是要评估无回答等现象对结果可能产生的影响。组织收入调查总会遇到拒绝填报、瞒报、漏报,以及家中暂时无人、不识字或繁忙而不能填答等现象。如果对这些无回答现象不加处理,则会破坏随机抽样的科学性和代表性。收入是个高度敏感的话题,许多人并不太愿意接受调查。对于收入调查的组织来说,除了要通过自身努力不断提高调查方案设计的科学性外,还需特别考虑调查对象配合程度大小所带来的填报误差影响。方案的科学性以及调查组织的有效性是制约收入调查数据可靠性的两个最重要的因素。

二、居民收入数据采集的主要渠道

居民收入数据从大的方面看,有三个采集方向:一是从收入获得方采集,即从居民家庭和个人采集;二是从收入支付方采集,如企业、社保机构等采集;三是从行政管理部门采集,如税务部门采集。从这三个方面获得的数据不尽一致,有时差异会很大。

从获得方采集,可以得到住户成员的工资性收入、家庭经营净收入、财产收入、转移收入等各种收入内容数据。常常以住户或个人为单元采集收入数据,既可以推断总体收入,又可以测算个体间收入差距,使用起来十分方便。但是,从获得方采集的工资收入数据,一般为职工个人实际得到的收入,而单位为职工提供的作为劳动报酬一部分的某些福利,则往往很难完整采集上来。其主要原因一方面是职工对福利收入价值不了解,另一方面是这些福利对职工来讲,有时仅仅是拥有一种权利,未来并不一定得到,职工并不完全赞同将其作为自身的收入。比如,单位为职工缴纳的养老金、医疗保险等,职工个人当期并未实际得到,只是拥有了将来获取的权利。有些人将来生病或退休时,就能得到这笔收入,而一些人可能不生病或早逝,就得不到那笔收入。虽然这些福利不能完整统计到当期职工名下,但可以统计在其他人员名下,比如当期领取退休金的人名下或看病者名下。依据个人是否实际得到收入的原则进行统计的方式被称做"收付实现"制统计。依据个人是否拥有某项收入或享受某项福利权利的原则进行统计的方式被称做"权责发生"制统计。这两种方法经常会被调查组织者使用。但是两者不能混合使用,否则容易造成收入数据重复统计。

从支付方采集数据时,一般以企业、社保机构为对象,采用"权责发生"制原则,获得单位职工工资总量、职工人数总量和社保金发放数量、发放人群规模等。其主要反映行业收入差距和政府转移支付情况等。从支付方采集的收入数据不完整,个体私营企业和家庭经营户往往被遗漏。同时,它也不包括财产性收入、转移性收入等信息。

从行政管理部门采集,主要是指从个税征缴部门采集个人收入数据。在个税征缴系统比较健全且覆盖面广的国家,这是一个成本低、效率高、较准确的收入数据采集渠道。其局限性是对象覆盖不全,缺少未缴个税者的收入数据。同时,若存在偷漏税现象,收入数据的准确性也会受到影响。

以上三个方面获得的收入数据各有优缺点,可以相互补充,相互验证。从我国实际操作层面看,三个渠道的采集方法都在使用。个人所得税信息主要由国家税务部门采集。城镇单位就业人员平均工资由国家统计局通过统计报表采集。住户和居民收入既有国家统计局组织的常规性官方抽样调查,也有研究机构、企业组织的不定期抽样调查(见表1)。

表1 2008—2012年城镇单位就业人员平均工资统计与住户抽样调查中城镇职工平均工资性收入的比较

年份	城镇单位就业人员平均工资(元)	住户抽样调查中城镇职工平均工资性收入(元)	差额(元)	差额比例(%)
2008	28 898	29 891	-993	-3.4
2009	32 244	32 531	-287	-0.9
2010	36 539	36 218	321	0.9
2011	41 799	42 531	-732	-1.8
2012	46 769	47 673	-904	-1.9

从表1可以看出,城镇单位就业人员平均工资统计与住户抽样调查中获得的城镇职工平均工资性收入基本一致,差异率大致在3%以内。多数年份的抽

样调查估计数据大于同期的统计报表汇总数据。

税务部门统计资料表明,2009年我国年收入在12万元以上人员数量为269万,平均收入水平为35万元。用城镇住户抽样调查资料推断全国年收入12万元以上人员数量为248万,平均收入水平为17万元。若考虑城镇住户抽样调查中未包含的农村区域,二者在人口总量上差异不大。但是,二者在人均收入水平上却存在较大差距,说明住户抽样调查中,高收入者拒报或瞒报收入现象较多,使用时需要进行评估校准。

三、国家统计局采集收入数据的方法

(一) 城镇单位就业人员平均工资统计

1. 基本定义

城镇单位就业人员平均工资是指城镇单位的就业人员在一定时期内平均每人所得的以货币形式表现的劳动报酬。作为工资统计的,不仅仅是就业人员个人实际拿到手的那部分,还包括了个人实际支付的、由单位代扣代缴的社会保险费、住房公积金和个人收入所得税。而劳动保护费、福利和单位负担的社会保险费、住房公积金等并不包括在工资之内。

2. 调查范围和对象

2009年以前,城镇单位就业人员工资统计的范围是国有单位、城镇集体单位、各种联营经济、有限责任公司、股份有限公司、中外(港澳台)合资合作企业,以及外商和港澳台商独资企业,未包括城镇私营企业。自2009年起,调查范围扩大到城镇私营单位。全国共有148万家城镇非私营单位和604万家城镇私营单位。

3. 调查方法

根据国家统计局制定的《劳动统计报表制度》,在统计时对城镇非私营法人单位采取全面调查的方法,对城镇私营法人单位采取抽样调查的方法。城镇非私营单位就业人员平均工资的调查频率为每季度调查一次。城镇私营单位就业人员平均工资调查频率为每年调查一次,调查样本约为84万家,抽样比约为14%。

4. 调查流程

国家统计局组织地方各级统计机构搜集基础数据。调查工作流程如下:第一步,国家统计局布置报表并进行统计人员培训。第二步,各市县统计局将劳动工资统计表发送到各类型的法人单位或组织机构进行填报。第三步,较大单位数据以联网直报的方式报送国家统计局,其他单位资料按照市县、省、国家顺序逐级上报。第四步,国家统计局组织各级统计机构审核基础数据、之后汇总计算全国城镇单位就业人员平均工资数据。

5. 数据采集的局限性

劳动工资统计制度建立于20世纪50年代初,起初只统计全民单位和城镇集体单位。2009年起,增加统计城镇私营单位工资。目前,乡村私营单位和乡镇企业仍未包括在工资统计范围之内,工资数据还不能全面反映全社会工资水平状况。由于城镇单位就业人员平均工资是以法人单位而非个人为统计调查对象,只能计算各个单位的平均工资。这样的平均工资数据虽然可以用以对比不同单位、不同行业、不同地区的工资差距,但难以计算反映单位内部所有人员之间的工资收入基尼系数。

(二)住户收支情况抽样调查

1. 城镇居民人均可支配收入调查

(1) 基本情况

2012年及以前,国家统计局制定全国统一的城镇住户调查方案,组织各级直属调查队,在全国31个省(区、市)随机抽选了476个调查市县的6.6万户城镇居民家庭,搜集其日常收支资料,采取超级汇总的方法将全部6.6万户居民家庭的总收入及分项收入资料汇总计算后得到全国和各省(区、市)城镇居民人均可支配收入数据。城镇居民人均可支配收入是指将家庭总收入扣除交纳的个人所得税和个人交纳的各项社会保障支出之后,按照居民家庭人口平均的收入水平。其中,家庭总收入是指该家庭中生活在一起的所有家庭人员从各种渠道得到的所有收入总和,包含工资性收入、经营净收入、财产性收入、转移性收入,不包括实物收入。工资性收入不仅包括实际所得到的那部分,也包括单位代缴代扣的社会保险、住房公积金和个人所得税。

(2) 调查范围和对象

居住在城镇区域内的常住户,包括户口在本地区的常住非农业户,户口在本地区的常住农业户,户口在外地、居住在本地区半年以上的非农业户,户口在外地、居住在本地区半年以上的农业户。城镇包括根据《统计上划分城乡的规定》中确定的城区和镇区。其中,城区是指市辖区、不设区的市和区、市政府驻地的实际建设连接到的居民委员会和其他区域;镇区是指在城区外的县人民政府驻地和其他城镇,政府驻地的实际建设连接到的居民委员会和其他区域。与政府驻地的实际建设不连接,且常住人口在3 000人以上的独立的工矿区、开发区、科研单位、大专院校等特殊区域,农场、林场的场部驻地都被视为镇区。

(3)样本抽选及数据采集方法

调查市县的选取。以省为总体,采用分层随机抽样方法确定。首先,将省内所有市县划分为三层:大中城市(地级和地级以上的城市)层、县级市层、县城(镇)层。其次,在各层内将市(县)按就业者年均工资从高到低排队,按照与人口规模大小成比例的概率抽样确定调查市(县)。全国31个省(自治区、直辖市)共抽选调查市、县476个。

调查户(记账户)的选取。各调查市县调查户抽选按照以下三步进行。第一步,确定调查市县调查户数。国家对省级总体按照95%的概率把握度、将收入与支出等核心指标的相对误差控制在3%以内的标准,测算各省(区、市)所需要的样本户数量,然后按照各调查市县所代表的同类地区的城镇人口比例进行分配。第二步,每三年组织一次城镇居民家庭基本情况抽样调查(简称大样本调查),样本量为常规调查户的6—10倍,采用简短的问卷搜集住户基本情况资料。这一过程主要是为常规住户调查提供抽样框,同时为数据评估提供基础资料。在大样本调查中,各调查市、县采取分层、二阶段、PPS抽样随机等距选取调查样本,即先按区(每个调查县被视为独立层)分层,层内按照PPS方法随机抽选调查社区/居委会,在抽中的调查社区/居委会内按照随机等距方法抽选调查住宅,这样就选出大样本。第三步,对大样本按照家庭人均收入排序,随机等距抽出一个小样本,作为经常性调查户。

定期进行样本轮换。为了增强样本代表性,减轻记账户长期记账的负担,国家统计局每年对城镇记账户轮换1/3,也就是每年有1/3的记账户要退出调查,再从大样本中抽选1/3的新记账户替代。三年之内,所有调查户都被轮换一遍。

数据采集方法。对所有调查户采取记账和一次性访问相结合的方法采集基础数据。记账内容包括城镇居民家庭、现金收入、非现金收入和消费支出等情况。其他有关城镇居民家庭成员的基本情况、住房及家庭耐用品拥有情况等采用一次性访问。

（4）调查工作流程

城镇住户调查由国家统计局统一负责组织实施。根据国家统计局制定的《城镇住户调查方案》，各省级调查总队指导市县级调查队具体承担城镇居民人均可支配收入基础数据搜集工作。调查工作流程如下：

第一步，市县级调查队向抽中的记账户发放日记账本。

第二步，记账户每天记录家庭收支流水账。基层调查员定期对记账户进行指导培训，通常每个月访问两次，以便一方面了解家庭成员增减情况和收入变化，另一方面对记账进行核对，提醒国家有哪些新的收入和补贴政策，看看是否有漏记的收入。

第三步，调查员收取账本并审核、录入数据。在每月规定的收账日，调查员搜集所有记账户的账本并将新账本发给记账户。对收回的记账本，调查员逐项编码并对账本进行整理、初审。初审的主要内容包括指标填报是否正确、有无计量单位、编码是否正确等。如对记账户填写的账目有疑问，调查员会再次访问核实，并将核实内容在报表说明中标注。

日记账初审完成后，调查员需严格按照账本中的数据进行录入。使用审核程序对数据界值、逻辑关系等进行审核，如有未通过审核的数据要核实修正并加以记录。

第四步，市县级调查队将记账户原始数据资料报送到省级调查总队。各调查总队对本区域内的数据再次进行检查和核实，如数据在时间序列和地区间比较中出现大幅波动，则需同基层调查员联系，并与记账户核实。

第五步，各调查总队确认数据无误后，将本省全部记账户原始资料上报国家统计局。

（5）综合汇总数据

国家统计局采用超级加权汇总方式，定期生成全国及各省（区、市）综合资料。在进行超级加权汇总前，需要对每一参加汇总的调查户事先分配一个权数。权数确定方法如下：

首先，将省内所有市县分成三层。第一层包括省内所有地级以上城市，第二层包括省内所有县级市，第三层包括省内所有县。在各层内，将所有市县按照人均收入排队并分类，每类包含一个调查市县和若干收入接近的非调查市县。

其次,确定每一参加汇总的调查户的权数。调查户的权数是这一调查户在省内某一类市县中平均所代表的住户数目。计算公式为:

$$调查户权数 = \frac{省内某类市县所包含的城镇社区/居委会住户总数}{该类市县所有参加城镇住户调查的户数} \quad (1)$$

举例来说,假设某县级城市 A 有城镇居民住户 10 000 户,抽选 100 户为调查户,则 A 市调查户权数 = 10 000/100 = 100,也就是说 A 城市每一调查户代表了本市的 100 户,100 就是 A 市调查户的权数。

如果这时有另一县级城市 B,与 A 市分在同一类,也拥有 10 000 户城镇住户数,但未开展城镇住户调查,需要用 A 市调查资料给予代表,则 A 市调查户权数 = (10 000 + 10 000)/100 = 200。也就是说,这时的 A 城市的每一调查户代表了 A、B 两市的 200 户,200 就是 A 市调查户的权数。

在同一类市县中,各调查户的权数相同。城市或县城关镇人口数资料一般从当地统计部门的人口普查资料或 1% 人口抽样调查资料整理取得。各调查市县的汇总权数由国家统计局统一制定,以省为单位计算。各地区按照所分配的权数进行本地区调查资料的汇总,所分配权数不能自行修改。

2. 农村居民人均纯收入调查

(1) 基本情况

2012 年及以前,国家统计局制定全国统一的农村住户调查方案,组织国家统计局直属调查队,采取直接调查、直接上报的方式,在全国 31 个省(区、市)中,随机抽取了 7.4 万个农村住户,搜集其现金和实物收入、支出资料,并采取超级汇总的方法计算全国和分省农村居民人均纯收入数据。农村居民纯收入是农村住户当年从各个来源得到的总收入相应地扣除有关费用性支出后的收入总和。具体是农村居民家庭总收入扣除当年的家庭经营费用支出、交纳的各种税费、生产性固定资产折旧以及农村内部亲友间赠送支出后的收入总和。

(2) 调查范围和对象

调查对象为在农村范围内居住或即将居住半年以上的家庭户。农村范围是指统计上使用的新的城乡划分中"乡村"类别中的所有村委会、居委会、类似村委会和类似居委会,以及"城镇"类别中的所有村委会和类似村委会。户口不在本地而在本地居住或即将居住半年及以上的住户也包括在本地农村常住户范围内;有本地户口,但举家外出谋生半年以上的住户,无论是否保留承包耕地都不包括在本地农村住户调查范围内。农村住户调查的填报对象为农村常住户中的常住人口,即全年经常在家或在家居住 6 个月以上,并且经济和生活与本户连在一起的人口。外出从业人员虽然在外居住 6 个月以上,但收入主要带回家,经济与本户连为一体,也视为家庭常住人口,但是,军人、大专院校学生、常年在外有固定职业和住所的外出人口不算本户常住人口。

（3）样本抽选及数据采集方法

农村住户调查采取三阶段、对称等距、随机抽样方法,即在每个省中采取省抽县、县抽村、村抽户的方法抽取样本,全国共抽取 896 个县、7.4 万个农村住户参加调查,调查结果对全国和分省具有代表性。

调查县采用人均收入（或粮食产量）水平排队,以分县人口规模为累计指标,建立抽样框,随机起点,对称等距抽取调查县。

调查村是采用收入或财产水平排队,人口累计为辅助指标,随机起点的等距抽样方法进行抽取的。如果行政村较大,实际工作中会选择一个中间水平的村民小组或自然村进行调查。

调查户是按照农户地址码排队,计算抽样距离,采用随机起点、等距抽样方法进行选取的,按每村 10 户抽选确定调查户。

调查县中的调查村和调查户每五年轮换一次。

农村住户调查采取农村住户记账与一次性访问调查相结合的调查方法采集基础数据。其中,反映农村居民现金收支和实物收支的情况主要通过农村住户记账取得资料,其他有关农村居民家庭基本情况、人口基本情况等采用年底一次性访问调查的方式取得资料。

（4）调查工作流程

农村住户调查由国家统计局统一负责组织实施。根据国家统计局制定的《农村住户调查方案》,各省级调查总队指导市县级调查队具体承担农村居民人均纯收入的基础数据搜集工作。调查工作流程如下。

第一步,县级国家调查队向选中的记账户发放记账账本。

第二步,记账户记账。记账户经过培训后,根据国家统计局制定的农村住户调查制度,按时间顺序逐笔记账,及时登记每天发生的各项现金收支和实物收支的名称、计量单位、数量和金额,不能混记、漏记、重记和随意改写账目。

第三步,辅助调查员收取账本,并进行初审。每个调查村配备一名兼职的辅助调查员。辅助调查员每月访户不少于两次,接受调查户的咨询,定期督促检查调查户的记账情况,发现问题及时提出并加以纠正,定期搜集调查户的登记账册。

第四步,县级调查队审核、编码、录入数据。对收回的记账本,调查员逐项进行编码后,对账本进行整理、人工审核。人工审核的主要内容包括指标填报是否正确、有无计量单位、编码是否正确等。

日记账初审完成后,调查员严格按照账本中的数据进行录入,并使用审核程序,对数据的范围、逻辑关系进行审核。如有未通过审核的数据,则需对其加以记录,并核实修正,再次审核无误后,报送省级国家调查总队。

第五步,省级调查总队审核、评估、上报数据。确认数据无误后,将本省全部记账户原始资料上报国家统计局。

第六步,国家统计局审核、汇总数据。国家统计局对各省上报的基础数据进行再次审核,并抽取一定比例的住户进行电话直接联系核实。国家统计局对通过审核的原始数据进行超级汇总。每个季度,国家统计局还会抽取一定比例住户样本进行实地回访,收取原始账页进行数据比对核实,以确保数据质量。

(5)综合汇总数据

国家统计局采用超级自加权方式汇总,定期生成全国及各省(区、市)综合资料。每一调查户权数相同。

3. 一体化城乡住户收支调查

长期以来,为适应中国城乡二元经济发展的需要,现行的城乡住户调查是分开组织实施的。城乡住户调查主要收支指标的名称和口径有所不同,城镇地区发布城镇居民人均可支配收入,农村地区发布农村居民人均纯收入。城乡住户调查的抽样对象有少量交叉,同时也遗漏了大量在城镇工作的流动人口群体,无法简单整合计算出全体居民的收支水平和收入差距数据。为适应新形势和新需求,国家统计局对现有城乡分割的住户收支调查进行了重大改革,充分吸收和借鉴住户调查领域的国际标准和优秀实践,按照统一口径、统一抽样、统一数据采集和统一数据处理的基本思路重新设计了一体化的城乡住户收支调查,并于2013年起正式在全国范围内推行。新口径的全体居民和分城乡居民的人均可支配收入数据将适时对外发布。

(1) 基本情况

国家统计局制定全国统一的住户收支与生活状况调查方案。从2013年起,组织国家统计局直属调查队,采取直接调查、直接上报的方式,在全国31个省(区、市),1 650个区、县,随机抽取了约16万户国家样本(若包含地方补充样本全国共有40万调查户),搜集其现金和实物收入、支出等资料,并采取超级汇总的方法计算全国和分省、分城乡居民人均可支配收入数据。样本量比改革前城乡住户调查之和多2万户,新样本对全国市辖区、县级市、县的覆盖率分别为100%、46%和38%。居民可支配收入是指调查户在报告期内获得的可用于最终消费支出和储蓄的收入总和,即可以用来自由支配的收入。包含工资性收入、经营净收入、财产净收入、转移净收入。既包括现金形式收入,也包括实物形式收入。

(2) 调查范围对象

住户调查对象为中华人民共和国境内的住户,既包括城镇住户,也包括农村住户;既包括以家庭形式居住的住户,也包括以集体形式居住的住户。无论户口性质和户口登记地,中国公民均以住户为单位,在常住地参加本调查。

(3) 调查内容

① 住户成员及劳动力从业情况;

② 住户成员现金和实物收支情况;

③ 家庭经营和生产投资情况;

④ 社区基本情况;

⑤ 县(市、区)职工社会保障缴费情况;

⑥ 不成功访问户的住宅基本情况。

(4) 样本抽选

住户调查样本量按满足以下代表性需求的标准确定:在95%的置信度下,分省居民及分省分城乡居民人均可支配收入、消费支出以及主要收入项和消费项的抽样误差控制在3%以内(个别人口较少的省在5%以内)。由此汇总生成的全国居民及全国分城乡居民人均可支配收入和消费支出抽样误差控制在1%以内,主要收入项和消费项的抽样误差控制在3%以内。考虑抽样设计效率,测算各省所需样本量一般为3 000—7 000户。全国总样本量为16万户。

住户调查样本是以省为总体,采用分层、多阶段、PPS、随机等距方法抽选。

在省内分两层:市区层和县域层。市区层包括所有地级以上城市所辖的区。县域层包括所有县级市和县。在市区层的每个区采用两阶段抽样,第一阶段在每个区内采用 PPS 法抽选调查小区,第二阶段对调查小区内所有建筑物进行摸底调查,编制住宅框,随机等距抽选调查住宅,确定调查户。在县域层采用三阶段抽样,第一阶段采用 PPS 法抽选调查县,第二阶段采用 PPS 法抽选调查小区,第三阶段对调查小区内所有建筑物进行摸底调查,编制住宅框,随机等距抽选调查住宅,确定调查户。样本量在各层(各区)之间按照人口数开方比例进行分配。每个县一般调查 10 个小区,每个调查小区固定调查 10 户。每年调查户轮换 1/2。每 5 年调查小区全部轮换。人口普查资料作为住户调查抽样框,国家统一为各省抽选调查区、县和调查小区。样本不重、不漏,覆盖全国。

(5) 数据采集

住户调查采用日记账和问卷调查相结合的方式采集基础数据。按内容划分,居民现金收入与支出、实物收入与支出等内容主要使用记账方式采集。住户成员及劳动力从业情况、住房和耐用消费品拥有情况、家庭经营和生产投资情况、社区基本情况及其他民生状况等资料使用问卷调查方式采集。按对象划分,家庭户以记账为主,集体户和不愿记账户则全部使用问卷方式搜集所有的收支数据。单位出资为员工缴纳的各种社会保障费也被计入工资性收入,如养老保险、医疗保险、工伤保险、失业保险、生育保险和住房公积金等,这部分数据不直接由住户填报,而是根据各地区管理部门填报的单位缴费与个人缴费比例进行插补。目前,住户调查在有条件的城市推广使用手机、网络等方式采集收入数据。

(6) 调查工作流程

在各调查市县设立国家统计局直属调查队,独立入户采集数据,独立上报国家统计局。每个调查队建立比较稳定的专业调查员队伍,接受业务指导培训和模拟调查,掌握访户技巧,规范有效地开展调查。每月与调查户至少进行 2 次辅导记账工作。调查员回收账本,进行编码。市县调查队负责组织录入、初核和数据上报。各省级调查总队负责本地区所有原始数据的审核把关工作。国家统计局电话抽查现场调查工作和原始记录(见表 2 和图 1)。

表 2　国家统计局有关居民收入数据调查内容、方式和频率

项　目	2012年 摸底时	开户时	12月	2013年 1月	2月	3月	4月	5月	6月	7月	8月	9月	10月	11月
住宅摸底表（问卷M）	■													
住户成员及劳动力从业情况（问卷A）		■									■			■
住房和耐用消费品拥有情况（问卷B）		■									■			■
收支情况（问卷C）					■			■			■			■
现金和实物收支日记账D			■	■	■	■	■	■	■	■	■	■	■	■
家庭经营和生产投资情况（问卷E）						■			■			■	■	
社区基本情况（问卷F）	■													
县（市、区）职工社会保障缴费（问卷G）								■						

注：■ 表示该月收集相应的数据。

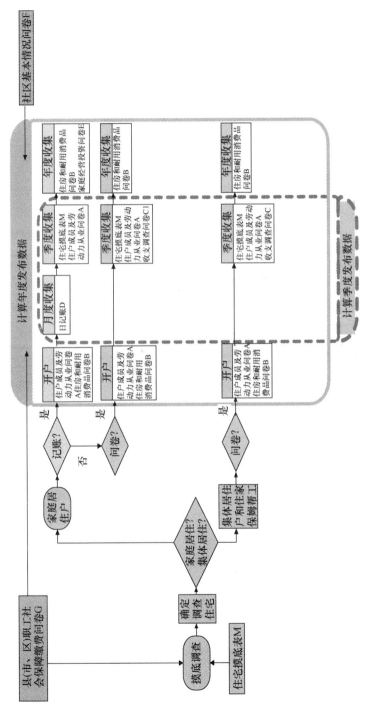

图1 国家统计局有关居民收入数据收集流程

（7）数据综合汇总

全国、省、市、县各级汇总结果根据分户基础数据，采用加权汇总方式生成。各级汇总权数由国家统计局统一制定。国家统计局根据分省调查样本数据和相应权数汇总生成全国和分省数据。各调查总队根据分市县调查样本数据和相应权数汇总生成分市县数据。

4. 记账方式的局限性以及改进措施

在政府统计部门组织的经常性收入调查中，数据结果既要对全国、分省、分市的收入水平有代表性，也要对月度、季度、年度收入变化趋势有代表性，记账是符合这些要求的比较理想的方法。但是，记账比较繁琐，调查成本较大。长时间记账会给调查户带来一定负担，使调查户产生畏难情绪，不愿意参加调查。有些调查对象，如企业事业机关单位的高层人员、年轻人、私营个体户等可能会因无法坚持记账，而放弃参加调查。还有一些高收入群体家庭怕露富，也不愿意参加调查。记账方式的这些局限性势必会影响调查结果的准确性，因此，需要进行样本结构偏差和填报误差的校准。国家统计局在2013年后实施的城乡一体化住户调查中，针对记账配合度低、高收入户不愿参加调查等情况制定了一些改进措施。

一是尽最大努力搜集有关收入方面的信息。对愿意接受调查但无时间记账的住户，采用在季度末使用问卷调查填报收入等数据；对经过多次劝说最终仍完全拒绝调查的住户，由调查员直接观察或通过居委会、邻居等渠道采集该户的住宅类型、面积、式样、市场估价等信息，以备后期校准评估使用。

二是利用辅助信息对调查结果进行校准。根据调查经验判断，高收入群体拒绝调查的比例要高于其他群体，因此，接受记账调查的样本会存在系统偏差，需要进行校准。一体化住户调查中，主要的校准方法是根据拒绝调查户的住宅分布校准修正接受调查户的住宅分布，然后再推断总体收入情况。每年利用全国个人所得税资料中12万元收入者总数和收入总量对住户调查中12万元收入者分布和收入情况进行校准。

三是积极推广手机记账，提高调查对象配合度。2012年，在北京海淀区进行的试点表明，若给调查户免费配发手机记账，并把每月的记账补贴转为手机包月费用，调查对象配合度至少在95%以上，比以往使用纸介质记账的配合度高出40—50个百分点，会大大改善调查样本结构。手机记账可直接将原始数据传输到总部,减少中间环节的干扰,提高调查时效性和数据的保密性。使用手机记账能否有效解决一些调查户瞒报收入的情况还有待进一步观察评估。目前,北京、上海、深圳、广州等城市已经陆续在部分调查户中使用手机记账。国家统计局计划将手机记账方式逐步推广到全国范围使用。

四、有关收入调查的几个问题与思考

(一)搜集收入数据是否需要抽样调查

一般在缺乏较完整的居民收入行政记录数据的情况下,要推断全体居民收入总量,要测算居民间收入差距,就需要使用抽样调查来获得基础数据。概率抽样调查能够很好地满足以上两个研究目的。如果采取非概率抽样调查,比如,典型调查、偶遇调查、滚雪球调查等,其结果可用于分析结构、原因,但不适宜用于推断收入总体。有些研究人员为了解决高收入样本比例偏小的问题,就把调查对象按估计的收入大小分为若干类,在每一类中设定固定样本量,然后采取定额抽样法选取样本,搜集收入资料。这一做法虽然保证了高收入人群在调查样本中的比例,由此得到的数据可用于研究高收入人群的收入来源、构成等特点,但是,要由此推算高收入群体占总人口比例、推断全体居民收入总量显然是不对的。因为,样本中高收入户占比数是一个需要调查估计的数,而不是事先假定的数。另外,在抽样调查中,不要轻易丢弃占比较小的群体的样本分配。对于每个需要关注的群体,分配给一些样本,即使少些样本,也是很有效率的,事后可以用其他分层辅助资料进行校准。若某些群体缺少样本,那么事后就永远无法弥补了。

(二)记账与问卷那个更适合采集收入数据

记账的优点在于,天天记账,回忆误差小;记账数据相对平稳,波动性小,适应于反映各时间段的变化趋势;调查户只需详细记录每笔收入,不需掌握复杂的收入概念和分类方法;账本收回后由专业人员按照标准口径汇总收入,准确规范。记账的缺点在于,调查户填报负担重,配合度不高,部分调查对象拒绝调查,特别是高收入群体、工作繁忙者参与率低,会影响样本代表性;记账调查成本较大。

问卷调查的优点在于,调查时间短,一般在调查现场就完成,调查成本小;调查户填报负担轻,配合度高,拒绝调查现象少,样本代表性好。问卷调查的缺点在于,受时间限制,只能询问主要收入项目,不能询问详细收入。由于调查户对收入概念的理解五花八门,回答结果出入很大;若要让调查户回答过去较久远的收入,则存在较大的回忆误差。

收入数据采集应择优选择调查方式。若需在较短时间内获取居民年度大致收入水平情况,一般可采用问卷调查。若需定期掌握居民收入动态变化情况,一般可采用连续跟踪调查,使用记账方式搜集资料。对于不愿记账的住户,也可采用问卷进行替代调查。需要说明的是,无论采用记账还是问卷调查,都无法很好地解决瞒报收入的问题。

(三) 对调查中无回答情况的处理

入户调查时,经常会遇到不成功的情况。调查组织者应当尽可能在调查现场解决问题,不要留到调查过后再处理。因为现场调查多获得的每一笔信息,都要优于事后所做的人为修正校准。如果遇到家中无人,就让调查员多次访问;如果调查户繁忙,就重新约定时间再访问;如果调查户嫌麻烦,就改换调查方式。

经过各种努力后,还会存在一些不成功访问的情况。这时就要做判断,若不成功访问户占比不大,且呈现无规则分布,则可以放弃。若不成功访问户占比较大,且有一定的特点,比如高档住宅区家庭、年轻家庭居多,就需要使用科学规范的方法进行处理。一般可考虑使用小区回答率倒数调整权数;用住房类型信息进行分类校准。

(四) 收入调查组织者的职责与立场

收入调查组织者应以获得全面、准确的数据为目的,不能预设影响结果的主观假设。比如,为了提高高收入户占比,人为增加高收入群体的样本量。所有调查活动应在统计法的规范下进行,切实保护调查对象的隐私,不干预调查户选择、填报数据,对调查户的各类收入不贴标签、不问来源、不判断合法性和合理性,始终保持中立立场,切实保证源头数据真实、全面。

附　录

附表1　住户成员、劳动力从业、收入情况调查问卷（示例）
住户成员基本情况

【填报对象：所有住户成员，包括经常在本住户居住或者与本住户共享收入的人员。不包括寄宿者。】

问　　题	代码	住户成员						
		户主1	2	3	4	5	6	7
成员代码	A100							
姓名	A101							
本期住户成员变动情况【开户调查时】 ① 不变　② 增加　③ 减少　④ 不适用	A102							
与本住户户主的关系 ① 户主　② 配偶　③ 子女　④ 父母 ⑤ 岳父母或公婆　⑥ 祖父母　⑦ 媳婿 ⑧ 孙子女　⑨ 兄弟姐妹　⑩其他	A103							
性别　　① 男　② 女	A104							
出生年月（年份按四位填写，月份按两位填写，先写年份后写月份，例如198608）	A105							
年龄（请调查员根据上面的出生年月将年龄换算成周岁）	A106							
民族　① 汉族　② 壮族　③ 回族　④ 苗族 ⑤ 维吾尔族　⑥ 蒙古族　⑦ 藏族　⑧ 其他民族	A107							
户口登记地（请参照"地区代码"直接填写两位省码）　① 本村（居委会）　② 村外乡（镇、街道）内　③ 乡外县（区）内　④ 县外市内 ⑤ 市外省内　⑥ 省外　⑦ 其他	A108							
户口性质　① 农业户口　② 非农业户口 ③ 其他	A109							
健康状况　① 健康　　　② 基本健康 ③ 不健康，但生活能自理　④ 生活不能自理	A110							
参加何种医疗保险？（可多选） ① 新型农村合作医疗 ② 城镇职工基本医疗保险 ③ （城镇）居民基本医疗保险　④ 公费医疗 ⑤ 商业医疗保险　　　⑥ 其他医疗保险 ⑦ 没有参加任何医疗保险	A111							
是否在校学生？（6周岁及以上填写） ① 由本住户供养的在校学生 ② 不由本住户供养的在校学生 ③ 非在校学生	A112							

（续表）

问 题	代码	住户成员				
受教育程度(**6周岁及以上填写**) ① 未上过学　② 小学　③ 初中 ④ 高中　⑤ 大学专科　⑥ 大学本科 ⑦ 研究生	A113					
婚姻状况(**15周岁及以上填写**) ① 未婚　② 有配偶　③ 离婚　④ 丧偶 ⑤ 其他	A114					
过去三个月在本住宅居住的时间(月,保留一位小数)	A115					
过去三个月是否每月都到其他自有或租借的普通住宅(不包括工棚、集体宿舍、帐篷船屋等)中居住?　① 是　② 否	A116					
过去三个月是否每月都到本住宅居住一天以上?　① 是　② 否	A117					
未来三个月中,是否打算在本住宅居住时间超过一个半月?　① 是　② 否	A118					
是否常住成员?【由调查员判定】 ① 是　② 否	A119					

附表2　劳动力从业情况

【填报对象:16岁及以上非在校学生住户成员。请调查员将 A106≥16 且 A112=3 的成员代码填入 A200 中。】

问 题	代码	住户成员				
成员代码	A200					
姓名(**按照A1表上的住户成员姓名对应誊写**)	—					
是否离退休人员? ① 行政事业单位离退休人员 ② 其他单位离退休人员 ③ 非离退休人员	A201					
参加何种养老保险?(**可多选**) ① 新型农村社会养老保险 ② 城镇职工基本养老保险 ③ (城镇)居民社会养老保险 ④ 商业养老保险 ⑤ 其他养老保险 ⑥ 没有参加任何养老保险	A202					

(续表)

问　　题	代码	住户成员			
是否丧失劳动能力？ ① 是　② 否【结束该成员调查】	A203				
本季度是否从业过？ ① 是　② 否【结束该成员调查】	A204				
本季度主要的就业状况？ ① 雇主　② 公职人员　③ 事业单位人员 ④ 国有企业雇员　⑤ 其他雇员 ⑥ 农业自营　⑦ 非农自营	A205				
本季度从事的主要行业？（填写行业分类代码）	A206				
本季度从事的主要职业？（填写职业分类代码）	A207				
本季度从事所有工作的总时间（月，保留一位小数）	A208				

行业分类及代码

1. 农、林、牧、渔业　2. 采矿业　3. 制造业　4. 电力、热力、燃气及水生产和供应业　5. 建筑业　6. 批发和零售业　7. 交通运输、仓储和邮政业　8. 住宿和餐饮业　9. 信息传输、软件和信息技术服务业　10. 金融业　11. 房地产业　12. 租赁和商务服务业　13. 科学研究和技术服务业　14. 水利、环境和公共设施管理业　15. 居民服务、修理和其他服务业　16. 教育　17. 卫生和社会工作　18. 文化、体育和娱乐业　19. 公共管理、社会保障和社会组织　20. 国际组织

职业分类及代码

1. 国家机关、党群组织、企业、事业单位负责人　2. 专业技术人员　3. 办事人员和有关人员　4. 商业、服务业人员　5. 农、林、牧、渔、水利业生产人员　6. 生产、运输设备操作人员及有关人员　7. 军人　8. 不便分类的其他从业人员

地区代码

11 北京市　12 天津市　13 河北省　14 山西省　15 内蒙古自治区　21 辽宁省　22 吉林省　23 黑龙江省　31 上海市　32 江苏省　33 浙江省　34 安徽省　35 福建省　36 江西省　37 山东省　41 河南省　42 湖北省　43 湖南省　44 广东省　45 广西壮族自治区　46 海南省　50 重庆市　51 四川省　52 贵州省　53 云南省　54 西藏自治区　61 陕西省　62 甘肃省　63 青海省　64 宁夏回族自治区　65 新疆维吾尔自治区　71 台湾省　81 香港特别行政区　82 澳门特别行政区

附表 3　收入调查问卷

【填报对象:集体居住户、住家保姆、住家帮工以及记账有困难的家庭居住户。其他住户使用记账。】

问　　题	计量单位	代码	住户成员或家庭				
	—	C100					99（家庭）
成员姓名	—	C101					
在过去的三个月,如果您有以下的收支项目,请填写相应的金额。	—	—	—	—	—	—	—
一、工资性收入	—	—					—
（一）单位或雇主提供的现金收入	—	—					—
1. 工资(含奖金、津贴,单位代扣的个税、个人缴纳的社会保障支出和住房公积金)	元	C102					—
2. 其他现金福利(如过节费、相当于现金的通用购物卡等)	元	C103					—
（二）单位或雇主免费或低价提供的实物产品和服务的补贴折价	—	—					—
1. 实物产品补贴折价(如食品、保健品、床上用品、小家电等)	元	C104					—
2. 工作餐补贴折价	元	C105					—
3. 住宿补贴折价(含水电费、取暖费、物业费等)	元	C106					—
4. 其他服务补贴折价(如免费和低价的班车、旅游等)	元	C107					—
（三）零星或兼职劳动收入	—	—					—
1. 零星或兼职劳动中得到的现金收入(包括工资、津贴、奖金和现金福利)	元	C108					—
2. 实物补贴折价(如食品、保健品、小家电、免费或低价提供的工作餐和住宿)	元	C109					—
二、经营净收入(指扣除生产经营费用、生产税、生产性固定资产折旧等成本后得到的净收入)	—	—					—
（一）第一产业经营净收入	元	C110					
（二）第二产业经营净收入	元	C111					
（三）第三产业经营净收入(包括出租房屋收入、出租生产性资产收入等)	元	C112					
三、财产性收入(包括利息收入、红利和储蓄性保险净收益等)	元	C113	—	—	—	—	

(续表)

问 题	计量单位	代码	住户成员或家庭			
四、转移性收入	—	—	—	—	—	—
1. 养老金或离退休金（包括现金或实物、卡券等形式）	元	C114				—
2. 社会救济和政策性生活补贴（包括现金或实物形式提供的低保金、抚恤金、救灾款、各种政策性生活补贴等）	元	C115				—
3. 报销医疗费	元	C116				—
4. 赡养收入	元	C117				
5. 其他（如定期得到的捐赠或赔偿收入等）	元	C118				
五、其他非消费性支出	—	—				
1. 生活贷款利息支出（如住房贷款、汽车贷款等利息支出，不含本金）	元	C119				
2. 个人所得税	元	C120				
3. 个人缴纳的社会保障支出	—	—				
其中：养老保险	元	C121				
医疗保险	元	C122				
失业保险	元	C123				
住房公积金	元	C124				
4. 农村外出从业人员寄给家人的支出	元	C125				
5. 赡养支出	元	C126	—	—	—	—
6. 其他转移性支出（如经常性的捐赠或赔偿支出等）	元	C127	—	—	—	—

参 考 文 献

1. 国家统计局,2013:《住户收支与生活状况调查方案(2014 年度)》。
2. 国家统计局,2011:《农村住户调查方案(2011 年统计年报和 2012 年定期报表)》,10 月制定。
3. 国家统计局,2011:《城镇住户调查方案(2011 年统计年报和 2012 年定期报表)》,10 月制定。
4. 国家统计局,2013:《中国主要统计指标诠释》(第二版),北京:中国统计出版社。
5. 国家统计局,2013:《中国统计年鉴(2013)》,北京:中国统计出版社。

资金流量表中收入分配部分的编制方法

许亚婷[①]

宏观收入分配是指国民收入在居民、企业、政府之间的分配,分为初次分配和再分配两个阶段,初次分配阶段形成初次分配收入,再分配阶段形成可支配收入。资金流量表是进行宏观收入分配核算、反映收入分配结果的重要工具。本文将详细介绍资金流量表的核算对象、核算原则,收入分配部分核算的资料来源、基本框架及编制方法。

一、资金流量表的核算对象

根据所从事经济活动的特性,资金流量表将参与收入分配的主体划分为五个机构部门,分别为住户部门、非金融企业部门、金融机构部门、政府部门和国外部门。在进行宏观收入分配研究时,通常将四个国内机构部门归并,重新划分为住户部门、企业部门和政府部门,即前文所述居民、企业和政府。

(1)住户部门,由所有常住住户组成。住户指共用生活设施,共有部分或全部收入和财产,集体消费住房和食物的一群人。住户主要是消费单位,但也从事小规模的生产和积累活动(如自有住房的购置),既包括家庭住户,也包括长期居住在医院、养老院、监狱等地的机构住户,还包括住户所拥有的非法人企业(个体经营户和从事农业生产活动的农户)。根据常住地的不同,可进一步将

---

① 国家统计局国民经济核算司,中级统计师。

住户部门细分为城镇住户部门和农村住户部门。

（2）企业部门①，由所有从事市场化生产的常住法人企业和为企业服务的非营利机构②组成。企业部门主要从事生产和积累活动，不进行消费，包括金融机构部门和非金融企业部门。金融机构部门主要提供金融服务，例如银行、证券、保险、信托服务等；非金融企业部门主要从事市场化的货物生产和非金融服务，例如农业生产、矿藏开采、服装的生产和销售、餐饮服务、旅游服务等；为企业服务的非营利机构主要指各种行业协会，它们收取会费，为所属行业提供服务，例如通信行业协会、保险行业协会、银行间市场交易商协会等。

（3）政府部门，由所有从事非市场化生产并受政府控制的常住法人单位组成，这些单位免费或低价向社会和公众提供公共服务。政府部门代表全社会从事生产、消费和积累活动，政府生产与企业生产的区别在于，企业是为市场而生产，政府是为社会而生产；政府消费与居民消费的区别在于，居民为满足自身需求而消费，政府为满足社会需求而消费，因此政府消费又称为集体消费或公共消费。政府部门包括所有行政单位、非市场化的事业单位和社团，例如行政机关、社保基金、军队、公办学校等。

此外，国际上还有一个独立的为住户服务的非营利机构部门（NPISH），该部门由民间资助的从事非市场化生产的常住法人单位组成，在运营管理上独立于政府，也称为非政府机构（NGO）。在中国，这类机构③（例如宗教组织、慈善组织、研究机构）数量很少，因此归入政府部门，没有单列出来。

（4）国外部门，由所有与我国常住单位进行交易的非常住单位组成，例如与我国有对外贸易往来的外国企业，在我国短期工作的外籍员工，因地震等自然灾害向我国捐款的外国政府等。

---

① 2008年SNA将其称为"corporations sector"，即公司部门。

② 在资金流量表中没有将为企业服务的非营利机构单列出来，而是根据其服务的行业归入非金融企业部门或金融机构部门。

③ 在中国，大部分非营利机构在资金来源、人员任命和运营管理等方面都或多或少受到政府部门的控制，其中，基本符合NPISH概念的单位主要包括宗教组织、慈善机构、民间研究机构。

二、资金流量表中收入分配部分的核算原则和资料来源

(一)核算原则

(1) 实行权责发生制原则。资金流量表的编制遵循权责发生制原则,而住户调查实行收付实现制原则。例如,资金流量表的可支配收入中包括应付未付的工资和应缴未缴的税收,但住户调查中不包括这些收入和支出。

(2) 反映资金的流向,而不是货物和服务的流向。在资金流量表中,除货币交易外,其余交易均按资金流向来记录。资金流向和货物/服务流向通常相反,例如,本国出口对国外部门来说是货物流入、资金流出,在资金流量表中应记录为国外部门的支出。但非货币交易例外,以实物报酬为例,支付实物报酬的一方记录为支出,获得实物报酬的一方记录为收入,反映的是实物流向,金额可使用实物报酬的市场价格。[①] 这样记录是假设支付报酬的一方付出与实物报酬等额的货币,获得报酬的一方用这些货币购买了相应的货物或服务,结果等同于支付报酬的一方直接支付了货物或服务。尽管省略了货物或服务的购买过程,但实物报酬仍然要计入住户部门的最终消费支出。

(3) 资金流量表主要反映各机构部门之间的资金往来,而机构部门内部微观主体之间的某些交易活动可能由于合并抵消而未作记录,但这并不会影响该部门的资金净流量,因为来源和运用是同时抵消的。需要说明的是,SNA 并不鼓励这种交易抵消的记账方法,因此在资料可获得的情况下,应逐笔记录每项交易,尽量全面反映各部门的资金流入和流出。

(二)资料来源

(1) GDP 核算数据。资金流量表收入分配核算中与 GDP 核算相关的指标包括增加值、劳动者报酬、生产税净额、折旧和营业盈余。原则上,资金流量表在这些指标的总量上与 GDP 核算数据保持衔接,并采用一定方法分配到各机

[①] 关于实物交易的计价原则,2008 年 SNA 有专门论述,市场价格只是方法之一。对估价方法的详细介绍参见《国民账户体系(2008)》第三章有关内容。

构部门。但由于 GDP 核算的基础数据主要来自企业调查,在出现企业调查数据与部门数据不匹配的情况下,资金流量核算优先选用部门统计数据。例如,收入法 GDP 中的生产税净额总量与运用财政收入资料计算的生产税净额总量不一致,资金流量表使用后者。

(2) 统计部门的其他数据。包括住户调查数据和人口数据。

(3) 其他部门的统计数据。包括来自财政部、外汇管理局、税务总局、人民银行等部门的数据(见表1)。

表 1 收入分配核算的主要数据来源

数据来源	数据内容
GDP 核算数据	生产法 GDP 数据
	收入法 GDP 数据
统计局其他数据	
住户调查数据	城镇居民人均可支配收入
	农村居民人均纯收入
人口数据	年末城乡人口数
其他部门数据	
财政部	行政事业单位决算
	全国公共财政决算
	全国政府性基金决算
	全国国有资本经营决算
	全国社保基金决算
人民银行	金融机构信贷收支平衡表
国土资源部	土地出让金统计
税务总局	全国分税种分企业类型税收收入
外汇管理局	国际收支平衡表
	汇率
银监会	金融机构存贷款利息
证监会	流通股本持有结构
	上市公司分红情况
保监会	保险公司资产负债表
	保险业利润表
	保险公司保费收入和赔付情况
中央结算公司	债券兑付金额
	主要券种投资者持有结构

三、资金流量表中收入分配部分的基本框架和指标含义

资金流量表将收入分配过程划分为收入形成、收入初次分配、收入再分配三个环节。收入形成环节是进行收入分配的基础,收入分配环节是将收入形成环节创造的收入——增加值,在各机构部门间进行分配,但不创造新的收入。也就是说,在收入分配环节,一个部门的资金来源必然对应着另一个部门的资金运用,收入分配的过程就是资金在不同机构部门间流动的过程。在不考虑与国外部门往来的情况下,整个经济体的价值不会发生变化。

(一) 收入形成环节

收入形成环节主要记录各机构部门作为生产者直接创造的收入,即增加值,这是进行收入分配的基础。不是生产活动直接创造的收入,例如土地的溢价、股票价格的上涨、外汇资产的升值等,不属于收入分配核算的范畴,不在资金流量表中记录。[①] 这里之所以强调"直接",是因为从本质上来讲,几乎所有收入的形成都与生产活动有关。以土地溢价为例,其根本原因是市政建设、商业投资等生产活动使得配套设施更加完善,地价的上涨实际上是这些生产活动所创造价值的延伸。再比如股价的上涨,是由于企业利润增加所带来的净资产的增长,或是来自对企业发展前景的预期,这也是生产活动成果的一种体现。尽管如此,这些收入只是生产成果的一种间接表现形式,而不是生产成果本身,生产成果已经记录在增加值中。此外,这些收入不纳入收入分配核算,是因为它们都需要通过处置资产来实现,例如出售土地、卖出股票、兑现外汇资产,而在 SNA 中,可支配收入的一个重要特征就是不能动用资产。

(二) 收入初次分配环节

收入初次分配环节记录各机构部门因参与生产活动或拥有生产所需资产的所有权而获得的收入。从定义上看,初次分配收入由两部分构成:一是直接参与生产活动、提供生产要素而获得的生产性收入,包括住户部门和非常住住

---

① 这些"收入"属于持有收益,在资产其他变动账户中记录。

户以雇员身份参与生产活动,提供劳动获得的劳动者报酬[①],企业以生产经营者身份参与生产活动,提供企业家才能而获得的营业盈余[②],政府部门以管理者身份参与生产活动,提供社会经济管理服务应收的生产税(减补贴)。二是因拥有生产所需资产(金融资产或自然资源)的所有权而获得的财产收入,例如利息和地租。

收入初次分配环节形成初次分配收入,国内各机构部门的初次分配收入之和为初次分配总收入,又称为国民总收入(GNI)。

(三) 收入再分配环节

收入再分配环节记录初次分配收入是如何通过经常转移的支付与获得在机构部门之间重新分配的。根据定义,收入再分配环节与生产活动无关,它是通过无对应回报的经常转移来实现分配的。收入再分配环节是政府部门调控收入分配的重要途径。

收入再分配环节形成可支配收入,它是机构部门在不动用资产的前提下可以直接用于消费的最大收入,国内各机构部门的可支配收入之和称为国民可支配总收入。

(四) 实物收入再分配环节

2008年SNA在收入再分配环节之后,还设有一个实物收入再分配环节。实物收入再分配环节主要记录政府部门和为住户服务的NPISH以实物形式向住户部门支付的经常转移,也可以看做收入再分配过程的一个延续,它实际上是将政府(和NPISH)买单而居民享用的部分记录为政府(和NPISH)对居民的转移,同时在收入使用环节记录为居民的实际消费。

实物收入再分配环节形成调整后的可支配收入。实物社会转移涉及估价、与消费核算的衔接等问题。目前由于资料来源的限制,实物社会转移暂未单独

---

① 2008年SNA中称为雇员报酬,其中不包括非法人企业业主及其家庭成员应得的未付报酬,而劳动者报酬中包括了所有劳动者应得的报酬。因此,劳动者报酬的口径比雇员报酬宽泛。

② 2008年SNA中还有一个"混合收入"的概念,是指住户所拥有的非法人企业的收入来源。由于这类企业的所有者或其家庭成员所投入的劳动可能是不付酬的,因此将包含了未付劳动者报酬的营业盈余称为混合收入。我国GDP核算将混合收入分解为营业盈余和劳动者报酬,因此我国收入分配核算中没有"混合收入"这个指标。

核算。在实际操作中,部分能以货币形式计量的实物转移记录在收入再分配环节,形成居民可支配收入,同时记录为居民的最终消费支出,其余则记录为政府的最终消费支出。已纳入核算的实物转移主要包括节能产品补贴、廉租房补贴、医疗补贴等,暂未纳入核算的实物转移主要是义务教育支出等。

(五)收入分配核算相关指标的含义

资金流量表在进行宏观收入分配核算时,主要涉及以下指标:

1. 增加值

所有从事生产活动的机构部门都创造增加值,增加值是国内各机构部门的初始来源,是进行收入分配的基础,国外部门不进行核算。国内各机构部门增加值的合计就是国内生产总值(GDP)。国民经济核算中,有三种计算增加值的方法,分别为生产法、收入法和支出法,在进行收入分配核算时,主要运用收入法计算增加值。计算过程用公式表示如下:

$$收入法增加值 = 国内部门应付劳动者报酬 + 生产税净额 \\ + 折旧 + 营业盈余 \quad (1)$$

$$国内生产总值 = 住户部门增加值 + 企业部门增加值 \\ + 政府部门增加值 \quad (2)$$

2. 劳动者报酬

劳动者报酬是雇主支付给雇员用于满足其工作之外需求的所有报酬,只要发生付酬雇工行为,无论雇主是企业、政府还是居民,是法人企业还是个体经营户,是国内部门还是国外部门,支付的是现金还是实物,雇员是否能及时享用,都要记录为劳动者报酬。因此,劳动者报酬是雇员获得的所有税前收入,包括工资、奖金、福利和津贴,包括雇员股票期权等实物报酬,也包括雇主为雇员缴纳的各项社会保险和公积金。由于各机构部门都从事生产活动,都会发生付酬雇工行为,而只有居民(包括常住居民和非常住居民)才是唯一的付出劳动且获得报酬的一方,因此各机构部门都有劳动者报酬支出,只有住户部门和国外部门①才有劳动者报酬收入。

3. 生产税净额

生产税净额是生产税扣除生产补贴后的差额,只有针对生产活动征收的税才是生产税,同样只有用于日常生产经营的补贴才属于生产补贴,这里的生产活动涵盖了生产、流通各环节。因此,生产税中包括印花税、车船税等流通环节的税,也包括排污费、教育附加费等生产环节收费,但不包括所得税、个人买卖二手房缴纳的房产税营业税、个人缴纳的证券交易印花税等收入和财产税,也不包括土地增值税、遗产税等资本税;生产补贴中包括支付给亏损企业的补贴,也包括给环保企业的节能补贴,但不包括直接支付给消费者的生活补贴,也不包括用于资本形成或补偿投资损失的资本补贴。

从事生产活动的单位和个人按规定缴纳生产税、获得补贴,政府部门征收税费、发放补贴。因此,国内各机构部门均有生产税净额支出,只有政府部门才有生产税净额收入。(目前资金流量表中不单独列示生产税和生产补贴,只反映生产税净额。)

4. 营业盈余

各机构部门从增加值中扣除所支付的劳动者报酬和缴纳的生产税净额后,得到的平衡项称为营业盈余。中国资金流量表中的营业盈余是包含了折旧的营业盈余总额。但营业盈余总额在资金流量表中并未单独列示,而是包含在各机构部门的初次分配收入中。

$$营业盈余总额 = 增加值 - 应付劳动者报酬 - 应付生产税净额 \quad (3)$$

5. 财产收入

财产收入是指将金融资产和自然资源交给其他单位使用而产生的收入。将金融资产提供给其他单位使用而获得的回报称为投资收益,例如存款、购买债券所产生的利息,公司分红产生的红利,保险专门准备金产生的投资收益等;将自然资源交由其他单位在生产中使用而获得的收入称为地租,例如出租土地所有权所产生的土地租金,为开采地下资源而支付的特许权使用费,缴纳的资源税等。需要注意的是,财产收入产生于将资产交给其他单位使用而不是转

---

① 非常住居民在国内工作获得的劳动者报酬,记录为国外部门的劳动者报酬收入和国内机构部门的劳动者报酬支出。

让,也就是说,转移的是资产使用权,而不是所有权。因此,房屋出售收入不属于财产收入,因为房屋出售发生了所有权的转移。

目前资金流量表中的财产收入由利息、红利、地租和其他财产收入四部分构成。其中:

(1) 利息包括存贷款利息和债券利息。存贷款利息主要是银行存贷款利息,债券利息包括了国债、企业债、金融债等各类债券利息。这里需要指出的是,资金流量表中的存贷款利息是经过对间接计算的金融中介服务费(FISIM[①])进行调整后的 SNA 利息,它不同于实际的银行存贷款利息。SNA 存款利息是在银行存款利息基础上加上了存款 FISIM,因此高于实际存款利息,而 SNA 贷款利息是在银行贷款利息基础上扣除了贷款 FISIM,因此低于实际贷款利息。

(2) 红利包括上市公司红利、国有企业上缴利润和其他非上市公司红利。

(3) 地租包括土地租金、资源税、矿产资源补偿费、国有资源有偿使用收入、探矿权和采矿权使用费收入等。

(4) 其他财产收入项记录未在上述各项中反映的财产收入,包括属于投保人的财产收入、与国外部门的财产收入往来、财政收入中属于财产收入的部分等。属于投保人的财产收入是由保险公司从保费收入中提取的专门准备金所产生的投资收益,这部分投资收益是属于投保人的财产收入,同时又作为追加保费记录为投保人对保险公司的经常转移支出。

6. 经常转移

经常性转移是指定期发生的转移,且与资产(现金除外)无关。经常转移包括收入和财产税、社会保险缴款和社会保险福利、社会补助、其他经常转移。其中:

(1) 收入和财产税包括企业所得税、个人所得税、个人买卖二手房缴纳的房地产营业税和个人缴纳的证券交易印花税。

(2) 社会保险缴款是指社保基金当年收入,涵盖了城镇职工五项保险、城

---

① 银行作为中介机构,不可能免费提供存贷款服务,FISIM 就是对银行提供存贷款服务产出的虚拟测算。换句话说,储户获得的存款利息中已经扣除了银行服务费,因此,真实的存款利息应该高于实际收到的存款利息;借款人支付的贷款利息中已经包含了银行服务费,因此,真实的贷款利息应该低于实际支付的贷款利息。

镇居民医疗保险、城镇居民养老保险、新型农村合作医疗保险、新型农村养老保险等五项内容。我国社保基金属于政府部门，因此基金收入是政府部门的经常转移收入；基金收入包括财政补助和社会缴款两部分，前者是政府部门的经常转移支出，后者是住户部门的经常转移支出。将社会缴款作为住户部门的转移支出，是因为社会缴款来自三方面：一是企业代缴的保费，如前所述，它是劳动者报酬的一部分，已经记录为住户部门的收入并构成其初次分配收入的一部分；二是居民自己缴纳的保费，这部分保费可以由职工、城镇居民或是农村居民缴纳；三是追加保费，例如社保基金余额产生的利息收入和投资收益，这部分收入已经作为住户部门的财产收入包括在其初次分配收入中。

(3) 社会保险福利[①]是指社保基金当年支出，是政府部门的经常转移支出和住户部门的经常转移收入，企业部门不存在这个核算项目。

(4) 社会补助是政府对常住居民提供的用于维持正常生活的社会救济。与社会保险福利不同的是，获得补助的个人不需要缴纳任何费用。

(5) 其他经常转移用于记录未在上述各项中反映的经常转移，包括保险相关交易、常住单位与非常住单位之间的经常转移等。保险相关交易是指非寿险净保费和赔付、再保险净保费和赔付，由于我国再保险业务量较小，目前仅核算非寿险净保费和赔付。需要注意的是，这里不包括寿险业务，因为寿险保单类似于储蓄存款，到期偿还保险金并支付一定的利息，因此视为金融资产在金融账户中记录。

四、收入分配部分的计算方法

（一）住户部门可支配收入的计算方法

住户部门既包括单纯从事消费活动的普通常住居民，也包括从事生产活动的非法人企业和农户，因此其可支配收入包括住户以劳动者身份参与生产活动应得的劳动者报酬、住户以生产经营者身份参与生产活动所获得的营业盈余总

---

① 尽管个人需要缴纳社会保险费才能享受社会保险福利，但二者并不存在直接的对应关系，例如养老金要等到退休之后才能领取，如果在达到退休年龄之前去世，则权益终止。因此社会保险缴款属于经常转移。

额、住户部门的财产净收入和经常转移净收入四项,其中前三项构成住户部门的初次分配收入。具体计算公式如下:

$$住户部门初次分配收入 = 营业盈余总额 + 劳动者报酬 + 财产净收入 \quad (4)$$

$$住户部门可支配收入 = 初次分配收入 + 经常转移净收入 \quad (5)$$

$$营业盈余总额 = 增加值 - 应付劳动者报酬 - 应付生产税净额 \quad (6)$$

1. 住户部门增加值的计算

住户部门增加值由三部分构成,一是个体经营户创造的增加值,根据收入法 GDP 中相关产业部门的个体户增加值归并得到;二是农户创造的增加值,等于 GDP 生产核算中农业增加值扣除农业企业增加值后的余额;三是居民自有住房服务增加值,直接取自 GDP 生产核算。

2. 住户部门劳动者报酬的计算

住户部门劳动者报酬收入由"来自国内的劳动者报酬"和"来自国外的劳动者报酬"两部分组成。其中"来自国内的劳动者报酬"取自收入法 GDP,同时要扣除其中支付给非常住住户的报酬,即国际收支平衡表"经常项目"下的"职工报酬"借方数据;"来自国外的劳动者报酬"取自国际收支平衡表"经常项目"下的"职工报酬"贷方数据。劳动者报酬是当前住户部门最主要的收入来源,占其初次分配收入的近 80%。住户部门劳动者报酬支出根据收入法 GDP 中相关产业部门非法人企业的劳动者报酬归并得到。

3. 住户部门生产税净额支出的计算

住户部门生产税净额支出等于支付的生产税减去获得的生产补贴的差额。2006 年全面取消农业税后,住户部门所支付的生产税主要是个体经营户缴纳的生产性税收和生产性收费;住户部门获得的生产补贴主要是各种惠农补贴,包括对农民的粮食直补、良种补贴、退耕还林补贴、农业生产资料补贴、农业生产保险补贴等(详见表7)。

4. 住户部门财产净收入的计算

住户部门财产净收入等于财产收入减去财产支出的差额。其中,财产收入主要包括存款利息收入、债券利息收入、红利收入、保险专门准备金投资收益、来自国外的财产收入等;财产支出主要包括贷款利息支出、缴纳资源税和支付给国外的财产支出等。由于住户部门的财产收入通常大于财产支出,因此其财产净收入通常为正。住户部门财产净收入的具体构成和计算方法见表2。

表 2 住户部门财产净收入的构成和计算方法

住户部门财产收入	计算方法
1. 存款利息收入(SNA 利息):包括储蓄存款、公积金存款、社保基金存款利息	(年均储蓄存款 + 年均公积金存款 + 年均社保基金存款)/银行机构年均各项存款 ×(银行存款利息 + 存款应分摊的 FISIM)
2. 债券利息收入:包括国债、企业债、金融债利息	$\sum$ 居民所持有各类债券份额 × 各类债券利息支付
3. 来自上市公司股票分红收入	个人持有流通股比例 ×(流通股现金红利 + 股票红利)
4. 来自非上市公司红利收入	根据住户调查资料推算
5. 属于住户部门的保险专门准备金投资收益	住户缴纳保费比例 × 保险专门准备金投资收益
6. 来自国外的财产收入	根据 BOP 经常项目"投资收益"贷方数据计算
住户部门财产支出	计算方法
1. 贷款利息(SNA 利息):包括个体贷款、个人消费贷款、住房按揭贷款利息	(年均个体贷款 + 年均个人消费贷款 + 年均住房按揭贷款)/银行机构年均各项贷款 ×(银行贷款利息 - 贷款应分摊的 FISIM)
2. 个体户缴纳的资源税	取自"全国分税种分企业类型税收收入表"
3. 支付给国外的财产支出	根据 BOP 经常项目"投资收益"借方数据计算

5. 住户部门经常转移净收入的计算

住户部门经常转移净收入等于经常转移收入减去经常转移支出的差额。其中,经常转移收入主要包括社会保险福利、非寿险赔款、政府部门给特殊群体的补助、侨汇等;经常转移支出主要包括个人所得税、个人买卖二手房缴纳的房地产营业税、个人缴纳的证券交易印花税、非寿险净保费、社保基金缴款以及个人捐赠(例如汶川地震后,个人向红十字会的捐款)、缴纳的罚款、侨汇等其他转移。由于近年来个人所得税增长较快,且社保基金缴款远大于社保基金福利,导致住户部门经常转移支出大于经常转移收入。经过收入再分配环节,住户部门在国民收入中的占比下降了。住户部门经常转移净收入的具体构成和计算方法见表3。

表3 住户部门经常转移净收入的构成和计算方法

住户部门经常转移收入	计算方法
1. 社会保险福利	取自全国社保基金决算
2. 非寿险赔付	根据保监会资料计算
3. 来自国外的经常转移收入:侨汇	根据 BOP 经常项目"其他经常转移"贷方数据计算
4. 其他经常转移收入:家电下乡补贴、以旧换新补贴、国家赔偿费等	根据全国公共财政决算和行政事业单位决算计算

住户部门经常转移支出	计算方法
1. 收入和财产税:包括个人所得税、个人买卖二手房缴纳的房地产营业税、个人缴纳的证券交易印花税	根据全国公共财政决算和税务总局资料计算
2. 社会保险缴款	取自全国社保基金决算
3. 非寿险净保费支出	居民缴纳(实际保费 + 补充保费① − 保险公司服务费②)
4. 对国外的经常转移支出:侨汇	根据 BOP 经常项目"其他经常转移"借方数据计算
5. 其他经常转移:个人缴纳的罚款、彩票公益金、捐赠等	取自全国公共财政决算和全国政府性基金决算

(二) 企业部门可支配收入的计算

企业部门以生产经营者身份参与生产活动,其可支配收入包括营业盈余总额、财产净收入和经常转移净收入三项,其中前两项构成企业部门的初次分配收入。具体计算公式如下:

$$\text{企业部门初次分配收入} = \text{营业盈余总额} + \text{财产净收入} \quad (7)$$

$$\text{企业部门可支配收入} = \text{初次分配收入} + \text{经常转移净收入} \quad (8)$$

$$\text{营业盈余总额} = \text{增加值} - \text{应付劳动者报酬} - \text{应付生产税净额} \quad (9)$$

(1) 企业部门增加值和应付劳动者报酬根据收入法 GDP 中相关产业部门

---

① 这里的补充保费指财产收入中"属于投保人的财产收入"。
② 保险公司服务费是投保人对保险服务的购买,应记录为企业中间消耗或居民的最终消费。

的法人企业增加值和劳动者报酬归并得到,并根据住户部门和政府部门的增加值和劳动者报酬数据进行校正。

(2) 企业部门生产税净额支出。企业部门生产税净额支出等于支付的生产税减去获得的生产补贴的差额。企业部门的生产税包括企业缴纳的生产性税收和生产性收费;企业部门的生产补贴主要是对亏损企业的补贴、给企业的就业补助、对公共交通的补贴、支持中小企业发展补贴等(详见表7)。

(3) 企业部门的财产净收入。企业部门财产净收入等于财产收入减去财产支出的差额。其中,财产收入主要包括企业存款利息收入、银行贷款利息收入、债券利息收入、红利收入和来自国外的财产收入等;财产支出主要包括企业贷款利息支出,银行存款利息支出,企业债、金融债等债券利息支出,企业缴纳的资源税,国有企业上缴的利润,支付给国外的财产支出等。企业部门财产净支出的具体构成和计算方法见表4。

表4 企业部门财产净收入的构成和计算方法

企业部门财产收入	计算方法
1. 企业存款利息收入(SNA 利息)	年均企业单位存款/银行机构年均各项存款 × (银行存款利息 + 存款应分摊的 FISIM)
2. 银行机构贷款利息收入(SNA 利息)	银行贷款利息 – 贷款应分摊的 FISIM
3. 债券利息收入:包括国债、企业债、金融债利息	$\sum$ 企业所持有各类债券份额 × 各类债券利息支付
4. 来自上市公司股票分红收入	机构(社保基金除外)持有流通股比例 × (流通股现金红利 + 股票红利)
5. 属于企业部门的保险专门准备金投资收益	企业缴纳保费比例 × 保险专门准备金投资收益
6. 来自国外的财产收入	根据 BOP 经常项目"投资收益"贷方数据计算
企业部门财产支出	计算方法
1. 企业贷款利息支出(SNA 利息)	(年均非金融企业贷款 – 年均融资平台贷款)/银行机构年均各项贷款 × (银行贷款利息 – 贷款应分摊的 FISIM)
2. 银行存款利息支出(SNA 利息)	银行存款利息 + 存款应分摊的 FISIM
3. 企业债、金融债利息支出	取自中央结算公司"债券兑付金额表"
4. 上市公司发放的红利	流通股现金红利 + 股票红利

（续表）

企业部门财产收入	计算方法
5. 非上市公司发放的红利	根据住户调查资料推算
6. 企业缴纳的资源税	取自税务总局"全国分税种分企业类型税收收入表"
7. 国有企业上缴利润：国有资本经营预算收入中的利润收入、非税收入中的利润收入和股息收入、政府性基金收入中的中央外汇基金财务收入	取自全国公共财政决算、全国政府性基金决算、全国国有资本经营决算
8. 支付给国外的财产支出	根据 BOP 经常项目"投资收益"借方数据计算

（4）企业部门经常转移净收入。企业部门经常转移净收入是经常转移收入扣除经常转移支出后的余额。其中经常转移收入包括保险公司收到的非寿险净保费、企业获得的非寿险赔付和来自国外的保险赔款；经常转移支出包括企业所得税、保险公司非寿险赔付、非寿险净保费支出、企业缴纳的各项罚款、捐赠等。由于企业的经常转移支出远大于经常转移收入，企业部门在收入再分配环节是净支出方，企业可支配收入占比低于其初次分配收入占比。具体构成和计算方法见表5。

表5　企业部门经常转移净收入的构成和计算方法

企业部门经常转移收入	计算方法
1. 非寿险净保费	实际保费 + 补充保费 − 保险公司服务费
2. 非寿险赔付	根据保监会资料计算
3. 来自国外的保险赔款	根据 BOP 经常项目"其他经常转移"贷方数据计算
企业部门经常转移支出	计算方法
1. 企业所得税	取自全国公共财政收入决算
2. 非寿险赔付	根据保监会资料计算
3. 非寿险净保费支出	企业缴纳（实际保费 + 补充保费① − 保险公司服务费②）
4. 其他经常转移：企业缴纳的罚款、彩票公益金、捐赠	取自全国公共财政决算和全国政府性基金决算

---

① 这里的补充保费指财产收入中"属于投保人的财产收入"。
② 保险公司服务费是投保人对保险服务的购买，应记录为企业中间消耗或居民的最终消费。

(三) 政府部门可支配收入的计算

政府部门既包括从事社会经济管理的行政单位,也包括从事非市场化生产的事业单位,其可支配收入包括:政府部门以社会管理者身份参与生产活动应得的生产税净额、政府部门以生产经营者身份从事生产活动应得的营业盈余总额、政府部门的财产净收入和经常转移净收入四项。其中,前三项构成政府部门的初次分配收入,具体计算公式如下:

$$政府部门初次分配收入 = 营业盈余总额 + 生产税净额收入 + 财产净收入 \quad (10)$$

$$政府部门可支配收入 = 初次分配收入 + 经常转移净收入 \quad (11)$$

1. 政府部门营业盈余总额的计算

在 GDP 总量、生产税净额总量、劳动者报酬总量确定的情况下,可以得到经济总体的营业盈余总额,从中扣除住户部门和企业部门的营业盈余总额,就得到政府部门的营业盈余总额。显然,通过倒推得到的政府部门营业盈余总额存在一定误差。实际操作中,将根据财政资料计算的政府部门劳动者报酬支出、生产税净额支出、折旧和营业盈余对相关数据进行校正。

2. 政府部门生产税净额收入的计算

生产税净额收入是政府部门收入的主体,占其可支配收入的 70% 左右。生产税根据财政收入资料计算。目前,我国财政收入由四部分构成,分别是公共财政收入、政府性基金收入、国有资本经营收入和社保基金收入。其中,国有资本经营收入主要是利润、股息等财产性收入和产权转让收入,社保基金收入属于转移性收入,因此生产税由公共财政收入中的生产税和政府性基金收入中的生产税两部分构成。具体来说,公共财政收入中的生产税主要包括:① 税收收入扣除所得税、资源税、土地增值税、个人买卖二手房缴纳的房地产营业税、个人缴纳的证券交易印花税等非生产性税收;② 非税收入中的排污费、水资源费、教育附加费等生产性收费。政府性基金收入大部分属于生产税,其中不属于生产税的项目主要包括:国有土地使用权出让金收入、彩票公益金收入等。根据"分企业类型的税收收入"和财政部提供的比例,可以将生产税划分为企业缴纳和住户缴纳两部分。以 2012 年为例,生产税主要构成项目见表 6。

表6 生产税主要构成项目(2012)

一、公共财政收入中的生产税	二、政府性基金收入中的生产税
(一) 税收收入	1. 农网还贷资金收入
增值税	2. 山西省煤炭可持续发展基金收入
消费税	3. 铁路建设基金收入
营业税	4. 海南省高等级公路车辆通行附加费收入
城市维护建设税	5. 港口建设费收入
房产税(扣除个人买卖二手房营业税)	6. 散装水泥专项资金收入
印花税(扣除个人缴纳证券交易印花税)	7. 新型墙体材料专项基金收入
城镇土地使用税	8. 旅游发展基金收入
车船税	9. 文化事业建设费收入
船舶吨税	10. 地方教育附加收入
车辆购置税	11. 国家电影事业发展专项资金收入
关税	12. 新菜地开发建设基金收入
耕地占用税	13. 育林基金收入
契税	14. 森林植被恢复费收入
烟叶税	15. 水利建设基金收入
其他税收中的生产税	16. 南水北调工程基金收入
(二) 非税收入	17. 残疾人就业保障金收入
专项收入	18. 城市公用事业附加收入
排污费收入	19. 大中型水库移民后期扶持基金收入
水资源费收入	20. 大中型水库库区基金收入
教育费附加收入(项)	21. 三峡水库库区基金收入
三峡库区移民专项收入	22. 城市基础设施配套费收入
场外核应急准备收入	23. 小型水库移民扶助基金收入
草原植被恢复收入费	24. 国家重大水利工程建设基金收入
其他专项收入中的生产税	25. 车辆通行费收入
行政事业性收费收入中的生产税	26. 船舶港务费收入
其他收入中的生产税	27. 贸促会收费收入
	28. 长江口航道维护收入
	29. 核电站乏燃料处理处置基金收入
	30. 可再生能源电价附加收入
	31. 其他属于生产税的基金收入

政府部门发放的生产补贴主要针对企业、个体经营户和农户,根据财政支出资料,分别计算政府对企业的生产补贴以及对个体经营户和农户的生产补贴。以 2012 年为例,生产补贴主要构成项目见表 7。

表 7　生产补贴主要构成项目(2012)

对企业的生产补贴	对个体经营户和农户的生产补贴
对企业的贷款贴息	给个体经营户的就业补助
亏损企业补贴	给农户的粮食综合直补
国有资本经营预算支出中的生产补贴	给农户的退耕还林补贴
技术研究与开发、科技重大专项支出中的生产补贴	给农户的风沙荒漠治理补贴
企业改革补助	给农户的退牧还草补贴
给企业的就业补助支出	农业技术推广与培训支出
给企业的污染防治补贴	病虫害控制支出
能源节约利用支出	灾害救助支出
减排专项支出	稳定农民收入补贴
可再生能源补贴	农业结构调整补贴
资源综合利用补贴	农业生产资料与技术补贴
公路水路运输支出中的生产补贴	农业生产保险补贴
铁路运输支出中的生产补贴	农资综合补贴
民用航空运输支出中的生产补贴	石油价格改革对渔业的补贴
石油价格改革对交通运输的补贴	草原植被恢复费安排的支出
资源勘探电力信息等事务中的生产补贴	森林生态效益补偿
商业服务业等事务支出中的生产补贴	石油价格改革对林业的补贴
金融监管等事务支出中的生产补贴	对农民从事农林水事务的生产补贴
工商企业恢复生产和重建支出	实施减轻农业用水负担综合改革补助
矿产资源专项收入安派的支出	地震灾后对农业林业恢复生产和重建支出
粮油事务支出中的生产补贴	粮食风险基金

3. 政府部门财产净收入

政府部门的财产净收入等于财产收入减去财产支出的差额。其中,财产收入主要包括存款利息收入、社保基金红利收入、地租收入、石油特别收益金等;财产支出主要包括机关团体、融资平台的贷款利息支出和国债利息支出两部分。政府部门财产净支出的具体构成和计算方法见表 8。

表 8 政府部门财产净收入的构成和计算方法

政府部门财产收入	计算方法
1. 存款利息收入（SNA 利息）：包括机关团体存款利息、财政存款利息	（年均机关团体存款 + 年均财政存款）/银行机构年均各项存款 ×（银行存款利息 + 存款应分摊的 FISIM）
2. 红利：包括社保基金持有上市公司股票的分红收入、国有企业上缴利润收入	上市公司分红：社保基金持有流通股比例 ×（流通股现金红利 + 股票红利） 国有企业上缴利润：根据全国公共财政决算和全国国有资本经营决算计算
3. 地租：包括土地租金、资源税、矿产资源补偿费收入、国有资源有偿使用收入、探矿权采矿权有偿使用费收入	根据全国公共财政决算和全国政府性基金决算等资料计算
4. 石油特别收益金专项收入、行政事业性收费中的财产收入等	根据全国公共财政决算计算
政府部门财产支出	计算方法
1. 贷款利息（SNA 利息）：包括机关团体贷款利息、地方政府融资平台中政府负有偿还责任的贷款利息	（年均机关团体贷款 + 年均融资平台贷款）/银行机构年均各项贷款 ×（银行贷款利息 − 贷款应分摊的 FISIM）
2. 国债利息支出	取自全国公共财政决算

4. 政府部门经常转移净收入

政府部门经常转移净收入是经常转移收入扣除经常转移支出后的余额。其中经常转移收入主要是所得税、社会保险缴款、各项罚款、捐赠、彩票公益金收入、来自国外的捐赠等；经常转移支出包括社会保险福利、给特殊人群的社会补助以及对国外的捐赠等。由于近年来所得税收入增长较快，人口红利所带来的社会保险缴款远大社会保险福利，政府部门在收入再分配环节是净获得方，其可支配收入占比大于初次分配收入占比。具体构成和计算方法见表 9。

表 9 政府部门经常转移净收入的构成和计算方法

政府部门经常转移收入	计算方法
1. 收入和财产税：包括个人所得税、企业所得税、个人买卖二手房缴纳的营业税、个人缴纳的证券交易印花税	根据全国公共财政决算和税务总局资料计算
2. 社会保险缴款	取自全国社保基金决算

(续表)

政府部门经常转移收入	计算方法
3. 来自国外政府的经常转移收入	根据BOP经常项目"各级政府经常转移"贷方数据计算
4. 其他经常转移:包括罚款、捐赠、彩票公益金	取自全国公共财政决算和全国政府性基金决算

政府部门经常转移支出	计算方法
1. 社会保险福利、财政对社保基金的补贴	取自全国社保基金决算
2. 对特殊人群的社会补助	根据财政支出决算和行政事业单位决算计算
3. 对国外政府的经常转移支出	根据BOP经常项目"各级政府经常转移"借方数据计算
4. 其他经常转移支出:包括家电下乡补贴、以旧换新补贴、国家赔偿费	根据全国公共财政决算计算

参 考 文 献

1. 联合国,欧盟委员会,经济合作与发展组织,国际货币基金组织,世界银行,2012:《2008年国民账户体系》,北京:中国统计出版社。

2. 国家统计局国民经济核算司,2007:《中国经济普查年度资金流量表编制方法》,北京:中国统计出版社。

3. 许宪春,1999:《中国国民经济核算体系改革与发展(修定版)》,北京:经济科学出版社。

4. 财政部,2013:《2012年全国财政决算》,7月制定。

第三部分

居民收入差距的测度问题

居民收入基尼系数的测算

王萍萍[①]

一、基尼系数的含义、方法及相关问题

基尼系数是衡量居民间收入差距的综合指标。该指标由意大利经济学家基尼在20世纪初提出。社会中每个人的收入都一样、收入分配绝对平均时,基尼系数是0;全社会的收入都集中于1个人、收入分配绝对不平均时,基尼系数是1。现实生活中,这两种情况都不可能发生。每个人的收入有多有少,差距大时,基尼系数就高,差距小时,基尼系数就低。

基尼系数是根据洛伦茨曲线,即收入分布曲线计算的。如图1所示,横轴是累计人口百分比,纵轴是累计收入百分比。对角线是绝对平均的收入分布线,纵线是绝对不平均的收入分布线,中间曲线是通常见到的实际收入分布线。对角线与曲线之间的面积A,相当于用于不平均分配的那部分收入。基尼系数等于$A/(A+B)$,经济学含义是用于不平均分配的那部分收入占全部收入的比例。

国际上并没有一个组织或教科书给出过最适合的基尼系数标准。但有不少人认为基尼系数小于0.2时,居民收入过于平均,0.2—0.3时较为平均,0.3—0.4时比较合理,0.4—0.5时差距过大,大于0.5时则差距过于悬殊。通常而言,与面积或人口较小的国家相比,地域辽阔、人口众多和自然环境差异较大的国家的基尼系数会高一些。经济处于起步阶段或工业化前期的国家,基尼

---

① 国家统计局住户调查办公室主任,高级统计师。

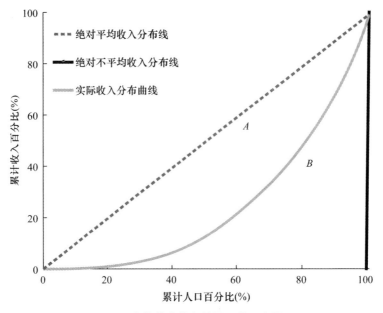

图 1 洛伦茨曲线和基尼系数示意图

系数要大一些,而发达经济体,特别是实施高福利政策国家的基尼系数要小一些。

基尼系数需要使用分户或分组的居民收入数据来计算。使用不同来源、不同口径的收入基础数据会得到不同的基尼系数。比如,收入指标是否规范、用总收入指标还是可支配收入指标、收入中是否包括政府的实物福利、是否扣除年度物价因素、是否扣除地区差价,等等,都对基尼系数及其变化趋势有影响。在对基尼系数进行国际比较或时序比较时,需要注意到基础数据的可比性。

基尼系数给出了反映居民之间贫富差异程度的数量界线,较全面、客观地反映了居民之间的贫富差距,能预报、预警居民间出现的贫富两极分化。但基尼系数作为收入差距指标也有局限性,在使用时需要注意:

一是基尼系数衡量的是收入相对差距。假如每个家庭的收入都比基期年翻一番,虽然高收入户增收的绝对额要大得多,但因为所有家庭收入增加的比例是一样的,相对差距仍一样,计算得到的基尼系数也是一样的。

二是基尼系数反映的是收入总体差距。基尼系数的变化取决于所有居民的收入相对变化,其中某一群体相对于另一个群体的收入差距的变化有可能与基尼系数的变化趋势是不一样的。

三是基尼系数衡量了收入差距,却不能衡量在哪里存在分配不公。有些差距是公平合理的。比如,劳动者付出的劳动数量及质量不同,得到的收入也有所不同是合理的。而有些差距是不公平的。需要进一步做深入的制度研究,找出差距原因并消除不公平分配现象。

二、测算基尼系数的基础数据

根据各国通行做法,国家统计局使用全国城乡住户收支抽样调查数据作为计算基尼系数的基础。

2012年12月前,全国城乡住户收支调查共有14万户调查样本。其中,农村住户调查样本为7.4万户,按照分层多阶段随机抽样方法抽取,分布在全国31个省(自治区、直辖市)的896个县;城镇住户调查样本为6.6万户,按照分层二相随机抽样方法抽取,分布在全国31个省(自治区、直辖市)的476个市、县。收支调查结果对全国和分省、分城乡具有代表性。

城乡居民收入调查过程可以分为抽样、记账、录入、审核、汇总等多道"工序",其中还包括多个数据质量控制环节。调查户按照统一规则,随时逐笔记录该户发生的收支情况,包括工资收入、生产和出售农副产品收入、家庭经营的二三产业收入、转移收入、财产收入,以及各种购买活动、消费支出、生产支出、社保支出、自产自用产品和其他实物收入,等等。年末,调查员还要对调查户的人口、就业、住房、社保、家庭经营的土地和固定资产等情况进行访问调查。

全国城乡住户调查主要由国家统计局直属调查队系统实施。国家直属调查队分布于每个地级以上城市以及约三分之一的县。每个抽中调查村都聘请一名辅助调查员,定期访问、指导调查户记账,帮助文盲户记账。城镇调查户的日常访问工作则主要由市、县调查人员承担。所有记账和访问调查得到的原始数据由市县级国家调查队编码录入审核后直接上报,由国家统计局直接汇总出全国和分省的收支数据。国家统计局每个季度电话随机直接回访6 000个左右的调查户,对基层调查工作开展情况和主要收支项目进行抽查。同时,还通过实地抽查回访等方法严格控制数据质量。

国家统计局以数据库形式保存了各年度详细的调查户样本信息、调查户记账资料、年末访问调查资料以及根据这些详细资料计算的分户居民收支数据。

从总体看,我国城乡住户调查数据来源明确,样本抽选规范,调查基础比较扎实。但是,受长期城乡二元结构的影响,2012年12月前城乡居民收入统计指标不一致、农民工归类不明确,无法简单加总得到全体居民收入。这是最近几年没有计算、发布全国基尼系数的主要原因。

为了解决上述问题,满足城乡统筹发展、调整居民收入分配格局对居民收支统计数据,特别是收入差距数据的新需要,国家统计局对城乡住户调查进行了一体化改革。至2012年年底,国家统计局制定了新的一体化住户调查制度,建立了统一的收入指标体系,抽选了统一的调查样本,组织了摸底调查,获得了调查户基本信息。从2012年12月1日起全国40万户调查户(其中国家样本16万户,地方样本24万户)已按新调查制度记账。同时,近年来,为了适应改革需要,调查过程对常规住户调查中需要调整的收支小项尽可能单列调查,在继续做好记账调查的同时,对外出农民工的收入进行了问卷访问调查。

三、测算基尼系数的方法与步骤

国家统计局根据一体化住户调查指标新口径和调查户基本信息、人口普查资料,参考个人所得税资料等背景信息,对城乡居民收入历史数据进行了回溯调整,在此基础上测算全国居民可支配收入基尼系数。主要方法与步骤包括:按新的指标口径调整历史数据、核准城镇高收入户调查收入偏差、按照全国城乡人口比例调整合并城乡住户调查数据、计算全国居民收入基尼系数。

(一)按新的指标口径调整历史数据

新指标是指2012年12月份以后实施的一体化住户调查制度中的可支配收入指标。该指标是国家统计局按照联合国统计委员会《国民经济核算体系(2008)》以及联合国欧洲经济委员会《住户收入统计堪培拉手册(2011)》中的居民收入口径制定的,具有国际可比性。新的可支配收入指标中既包括现金收入,也包括实物收入。可支配收入按照来源可分为工资性收入、经营净收入、财产净收入、转移净收入和自有住房折算净租金。

国家统计局按照新的可支配收入指标口径,利用已有的城乡居民收入分户调查资料,调整形成了2003—2012年我国城乡居民同口径的可支配收入分户数据。具体就是将农村居民人均纯收入指标调整为人均可支配收入指标,主要是从纯收入指标中扣除了农村居民社保支出、利息支出、赠送城镇居民支出,增加了农民工在外花费的收入。同时,规范完善城镇居民人均可支配收入口径范围,主要是进一步扣除了交纳社保费用和所得税以外的全部转移支出(社保支出和所得税在原指标中已扣除),以及以房贷利息为主的全部财产性支出,增加了自有住房折算净租金收入和实物折算收入。但是,对不同地区居民收入未剔除生活成本差异影响,即没有进行地区间购买力平价调整。

(二) 校准城镇高收入户调查收入偏差

为了解决调查样本中高收入户记账收入偏低的问题,国家统计局采用了多种国际上常用校准方法进行试算,比较了各种方法的利弊,最后选择了有确切数据来源、校准量最大的校准方法。

一是比较历年城镇住户调查的一相样本(即大样本摸底调查户,三年一次,访问调查)与二相样本(即记账调查户)的住房、职业、文化程度、访问调查的收入等方面的差距,对不同类型的记账调查户的比重进行校准,以提高高收入户的比重。

二是根据税务部门发布的年收入在12万元以上纳税人收入情况校准住户调查中高收入户样本比重和收入水平。

三是对一体化住户调查中国家抽中的16 000个调查小区中所有200多万住户的摸底调查资料与现有城乡住户调查户基本信息进行对比,对城乡住户调查样本构成进行评估。

同时,国家统计局也对国内相关研究的校准方法进行了研究。经比较,最终采用以个人所得税资料为依据,测算确定高收入户样本结构权重和人均收入水平的调整系数和调整模式,对高收入户群体进行平滑校准。

(三) 按照全国城乡人口比例,调整合并城乡住户调查数据

先调整农民工归类,形成包括农民工在内的城镇人口总体。将年内外出务工半年以上的农民工,从现行的农村人口调整为城镇常住人口,保持与人口统计分类的一致性。再按历年城乡人口比重对城乡住户调查分户数据进行加权合并。

(四) 计算全国居民收入基尼系数

在城乡合并样本数据的基础上,依据基尼系数计算公式,利用 SAS 软件计算出了全体居民的可支配收入基尼系数。所有数据未进行城乡、地区或时序的价格差异调整。具体计算公式如下:

$$G = 1 - \sum_{i=1}^{n} P_i \times (2Q_i - W_i)$$

其中

$$Q_i = \sum_{k=1}^{i} W_k$$

或

$$G = 1 - \sum_{i=1}^{n} P_i \times \left(2\sum_{k=1}^{i} W_k - W_i\right)$$

W_i 和 P_i 是指将调查户按收入由低到高进行排序,计算第 i 户代表的人口的收入占总收入比重(W_i)和第 i 户所代表的人口占总人口比重(P_i)。

四、居民收入基尼系数测算结果

根据 2003—2012 年城乡住户抽样调查资料,按照上述方法测算,2003—2012 年全国居民可支配收入基尼系数分别为 0.479、0.473、0.485、0.487、0.484、0.491、0.490、0.481、0.477 和 0.474。2003—2012 年全国居民可支配收入基尼系数基本在 0.47—0.49 变化。其中,2003—2008 年处于波动上升,2008 年基尼系数达到最高,为 0.491。2008—2012 年基尼系数则呈现下降趋势。

1. 与世界银行测算结果比较

世界银行曾利用我国农村居民人均纯收入和城镇居民人均可支配收入分组数据,测算 2003—2008 年中国居民收入基尼系数分别为 0.470、0.469、

0.478、0.468、0.471 和 0.474。与世界银行测算结果相比,文中测算结果略高,高出幅度在 0.01—0.02。主要原因是,世界银行未对城乡居民收入口径进行统一和调整,也未对样本偏差进行校准。

2. 与其他国家比较

据世界银行网站信息,目前,大约有 30 多个国家发布基尼系数。各国计算基尼系数的方法不尽相同,有些国家使用居民收入计算,有些国家使用居民消费支出计算。通常而言,消费基尼系数要低于收入基尼系数。发达国家基尼系数一般在 0.30—0.40,我国居民基尼系数要高于这一区间。相对于发展中国家南非、巴西、墨西哥等,我国居民收入基尼系数要小一些。

总之,国家统计局本次测算 2003—2012 年全体居民收入基尼系数,主要基于样本充足、调查扎实的城乡住户调查详细分户资料,并尽可能消除了城乡居民收入指标口径不一致和高收入户样本偏差对基尼系数的影响,测算得到的基尼系数具有国际可比性,也反映了我国居民收入差距的变化趋势。但与很多国家政府统计面临的问题一样,由于缺少确切信息,很难校准税外收入的偏差。根据老样本和老口径数据进行调整得到的结果,也可能会与新样本和新数据得到的结果有一些差异。未来,国家统计局将根据新的一体化住户调查数据,在进一步广泛收集校准背景资料及深入研究样本校准方法的基础上,及时发布基尼系数和相关方法,并可能对基尼系数的历史数据进行进一步的校准修订。

附录 基尼系数测算方法示例

基尼系数如何计算?基尼系数与收入的相对差距还是绝对差距有关?为什么有人对收入差距的感觉与基尼系数不一致?上述问题用一个假定的三人世界进行计算和说明。

为简便起见,假设世界上只有三个人。第一人 A,是低收入者,第二人 B,是中等收入者,第三人 C,是高收入者。在测算前,需要将 A、B、C 三人按收入从低到高排好序。先列出人数和每人的收入,再计算累计的人数和累计的收入,然后计算累计人口比重和累计收入比重,最后计算基尼系数(详见附表 1 和附图 1)。

附表1　三人世界的居民收入与基尼系数变化示意表

人口数(人)	收入(万元)				
	情况1	情况2	情况3	情况4	情况5
第一人　1	37	1	2	3	3
第二人　1	37	10	20	15	9
第三人　1	37	100	200	150	120
人口累计(人)	收入累计(万元)				
	情况1	情况2	情况3	情况4	情况5
第一人　1	37	1	2	3	3
第二人　2	74	11	22	18	12
第三人　3	111	111	222	168	132
人口累计比重	收入累计比重				
	情况1	情况2	情况3	情况4	情况5
第一人　0.3333	0.3333	0.0090	0.0090	0.0179	0.0227
第二人　0.6667	0.6667	0.0991	0.0991	0.1071	0.0909
第三人　1	1	1	1	1	1
合计	模拟基尼系数				
	情况1	情况2	情况3	情况4	情况5
	0.0000	0.5946	0.5946	0.5833	0.5909

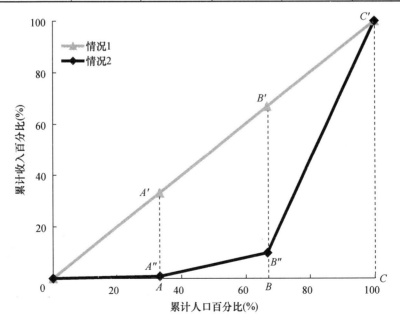

附图1　三人世界的收入分布曲线示意图

情况 1：

A、B、C 收入各 37 万元，属于收入绝对平均，收入分布如图中对角线所示，基尼系数为 0。

基尼系数 =（三角形 OCC' 面积 - 三角形 OAA' 面积 - 梯型 $AA'BB'$ - 梯型 $BB'CC'$ 面积）/三角形 OCC' 面积

= (1 × 1/2 - 0.3333 × 0.3333/2 - (0.3333 + 0.6667)/2 × (0.6667 - 0.3333) - (0.6667 + 1)/2 × (1 - 0.6667))/(1 × 1/2) = 0

情况 2：

A 收入为 1 万元，B 收入 10 万元，C 收入 100 万元。收入分布如附图 1 中曲线所示，由此计算的基尼数是 0.5946。现实社会中，中、低收入人群比例要高得多。本例为方便计算，假定高、中、低各占 1/3，计算结果不等同于实际情况。

基尼系数 =（三角形 OCC' 面积 - 三角形 OAA'' 面积 - 梯型 $AA''B''B$ - 梯型 $BB''C'C$ 面积）/三角形 OCC' 面积

= (1 × 1/2 - 0.0090 × 0.3333/2 - (0.0090 + 0.0991)/2 × (0.6667 - 0.3333) - (0.0991 + 1)/2 × (1 - 0.6667))/(1 × 1/2) = 0.5946

情况 3：

A 收入为 2 万元，B 收入 20 万元，C 收入 200 万元。与情况 2 相比，大家的收入都翻了一番，但相对差距不变。各人在收入中的份额没有改变，因此，基尼系数不变，还是 0.5946。此时，有的中低收入者因为收入增加额没有高收入者的增加额大，感觉到收入差距在扩大。

情况 4：

A 收入为 3 万元，B 收入 15 万元，C 收入 150 万元。与情况 2 相比，大家都有改善，其中，低收入者增速较快，基尼系数下降到 0.5833。在此情况下，高收入者的收入增加额还是比中低收入者的大。

情况 5：

A 收入为 3 万元，B 收入 9 万元，C 收入 120 万元。与情况 2 相比，低收入者收入增长较快，中等收入者收入下降，基尼系数下降到 0.5909。在此情况下，中等收入者与高收入者的收入相对差距和绝对差距都扩大。此时，基尼系数的下降与中等收入者对于收入差距的感觉是很不一样的。在此，基尼系数也不能解释差距变化的原因。

参 考 文 献

1. United Nations Economic Commission For Europe, 2011: *Canberra Group Handbook on Household Income Statistics*, Second Edition.

2. European Commission, International Monetary Fund, Organisation for Economic Co-operation and Development, United Nations, World Bank, 2011: *System of National Accounts* 2008, New York.

3. 国家统计局,2012:《住户收支与生活状况调查方案(2013年度)》。

基尼系数的计算与亚组分解

程永宏[①]　张　翼[②]

一、基尼系数的性质与计算方法

基尼系数是意大利统计学家基尼在20世纪初提出的一个衡量分布不均等的指标,被广泛应用于收入不平等的测度。基尼系数与洛伦茨曲线有直观的联系、满足一系列优良的性质、具有明确的社会福利含义,因此得到了广泛的应用。

(一) 基尼系数的性质

1. 零阶齐次性

零阶齐次性(Homogeneity of Degree Zero)也称规模不变性(Scale Invariance),即当所有个体的收入倍乘 λ 时,基尼系数不变。

2. 对称性

对称性(Symmetry)又称匿名性(Anonymity),是指互换任意两个个体的收入,基尼系数不变。

3. 人口无关性

人口无关性(Population Independence)又称复制不变性(Duplication Invariance),即把某一总体中每一个体的收入复制相同的次数,所形成的新总体的基尼系数,与原分布的基尼系数相同。

[①] 中国人民大学公共管理学院副教授。
[②] 中国人民大学公共管理学院博士研究生。

4. 零标定

零标定(Zero Normalization)即所有个体的收入相同时,基尼系数为零。

5. 庇古-道尔顿转移原理

庇古-道尔顿转移原理(Pigou-Dalton Transfer Principle)是指,在高低收入者的相对位置不变的前提下,由高收入者向低收入者进行一定的收入转移,会降低基尼系数。

(二)基尼系数的社会福利含义

Kolm(1969)、Atkinson(1970)认为社会福利含义对于选择合适的不平等指标非常重要,一个良好的不平等指数应该与一个具体的社会福利函数相联系,并具有明确的社会福利含义。

Blackorby 和 Donaldson(1978)给出了基尼系数对应的的基尼社会福利函数:

$$W_g(y) = \frac{1}{n^2} \sum_{i=1}^{n} (2n - 2i + 1) y_i \tag{1}$$

根据这一基尼社会福利函数,可以证明:基尼系数恰好反映了总收入 Y 因不平等分配所造成的社会福利损失百分比,即:

$$G = L/Y \tag{2}$$

式中,L 为基尼系数等于 G 的不平等分配造成的社会福利损失,Y 为总收入。

(三)基尼系数的计算方法

1. 几何法

根据洛伦茨曲线可以运用几何的方法计算基尼系数。假设 n 维的收入分布向量为 $Y = (y_1, y_2, y_3, \cdots, y_n)$,其中各个分量按照非递减的顺序排列。如图1所示,在平面直角坐标系中,横轴表示累计人口百分比,纵轴表示累计收入百分比,洛伦茨曲线 $L(p)$ 表示收入最少的百分之 p 的人口的总收入占总人口收入的比例。45度线与洛伦茨曲线之间的面积记为 A,洛伦茨曲线以下的面积记为 B,则基尼系数的计算公式为:

$$G = \frac{A}{A+B} = \frac{A}{1/2} = 2A = 1 - 2B \tag{3}$$

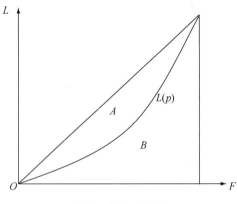

图 1 洛伦茨曲线

对于离散的收入分布,可以得到 F_i 和 L_i,根据几何法得到的基尼系数计算公式为:

$$G = 1 - \sum_{i=0}^{n-1}(F_{i+1} - F_i)(L_{i+1} + L_i) \tag{4}$$

对于连续的收入分布,基尼系数可以表示为

$$G = 1 - 2\int_0^1 L(p)\,\mathrm{d}p \tag{5}$$

2. 基尼平均差法

徐宽(2013)对基尼平均差与基尼系数的关系做出了详细的说明。意大利经济学家基尼提出的计算方法将以(相对的或是绝对的)平均差为基础的统计方法和几何法统一起来,得出基尼系数是相对平均差的二分之一。

基尼绝对平均差定义为:

$$\Delta = \frac{1}{n^2}\sum_{i=1}^{n}\sum_{j=1}^{n}|y_i - y_j| \tag{6}$$

其中 y_i 和 y_j 分别是第 i 个体和第 j 个体的收入。相对平均差是绝对平均差除以平均收入。基尼系数则是相对平均差的二分之一,即 $G = \frac{\Delta}{2\mu}$,其中 μ 表示平均收入。

根据基尼平均差的方法,离散的收入分布的基尼系数可以表示为:

$$G = \frac{1}{n^2\mu}\sum_{i=1}^{n}\sum_{j \leqslant i}(y_i - y_j) = \frac{1}{n^2\mu}\sum_{i=1}^{n}\left(iy_i - \sum_{j=1}^{i}y_j\right) \qquad (7)$$

二、基尼系数的人口亚组分解

(一) 基尼系数亚组分解的含义和目的

基尼系数的人口亚组分解(以下简称亚组分解),是按照某个属性将总人口分成 m 个互不相交的组,并保证这些亚组的并集等于总体,然后将总体不平等分解为组内不平等和组间不平等两部分之和。

对基尼系数进行亚组分解,可以定量地分析诸如性别、年龄、地区、行业等因素对不平等的影响程度,从而制定出有针对性的政策措施有效缩小不平等程度。基尼系数亚组分解的逆向使用可以计算总体基尼系数(overall Gini),这对于不便进行总体收入调查、只能按亚组进行收入调查的情形非常适用。

(二) 基尼系数亚组分解的传统方法

到目前为止,出现了多种基尼系数的亚组分解方法,它们存在几个共同的问题(程永宏,2008):第一,或者是组间不平等缺乏明确的经济意义,如 Soltow(1960)、Mangahas(1975)、Rao(1969),或者是组内不平等缺乏明确的经济意义,如 Bhattacharya & Mahalanobis(1967)、Pyatt(1976)。这是因为,总体不平等剔除已定义的组内不平等或组间不平等后的余项,在用离散分布和矩阵运算表示的情况下,很难具有清晰的经济意义。第二,由于分解式中组内不平等部分的权系数一般都是人口份额或人口份额与收入份额的乘积,这使得整个分解式没有清晰的经济意义。第三,几乎所有的分解式都存在或隐含着"交叠项",当任何两个亚组的收入分布不重叠时,交叠项为零,否则大于零。交叠项经济意义不清晰,引起了广泛的争论。第四,所有的分解方法都没有对分解式的社会福利含义做出解释。

(二) 基尼系数亚组分解的新方法

鉴于此,程永宏(2006,2008)、Okamoto(2009)放弃传统分解方法的一些约束,分别独立地推导出了一个相同的基尼系数亚组分解新方法:

$$G = \sum_{i=1}^{m} \theta_i G_i + \sum_{i=1}^{m} \sum_{j>i}^{m} \frac{\alpha_i \alpha_j}{\mu} \int_{0}^{t_i} (F_i - F_j)^2 dt \qquad (8)$$

其中 θ_i 表示第 i 组的收入占总收入的比重,F_i、F_j 分别表示第 i 组和第 j 组的收入分布函数,t_i 表示第 i 组最高收入,其余符号含义与上文相同。上式右边第一项表示组内差距,第二项表示组间差距。如果 Y_{ij} 表示第 i 组与第 j 组的总收入之和,N_{ij} 表示第 i 组与第 j 组的总人口之和,μ_{ij} 表示这两个亚组所有人口的平均收入,再令 α_{ij} 表示 i 与 j 两个亚组人口之和 N_{ij} 占全部人口 N 的比重,θ_{ij} 表示 i 与 j 两个亚组总收入之和 Y_{ij} 占总体收入 Y 的比重,β_{ij}^i 和 β_{ij}^j 分别表示第 i 和第 j 亚组人口占 N_{ij} 的份额,即:

$$\alpha_{ij} = N_{ij}/N, \quad \theta_{ij} = Y_{ij}/Y, \quad \beta_{ij}^i = N_i/N_{ij}, \quad \beta_{ij}^j = N_j/N_{ij}$$

则基尼系数的亚组分解公式可以进一步写为:

$$G = \sum_{i=1}^{m} \theta_i G_i + \sum_{i=1}^{m} \sum_{j>i}^{m} \alpha_{ij} \theta_{ij} \beta_{ij}^i \beta_{ij}^j \frac{1}{\mu_{ij}} \int_{0}^{t_i} (F_i - F_j)^2 dt \qquad (9)$$

程永宏(2008)定义了组间绝对不平等指标

$$d_{ij} = \int_{0}^{t_i} (F_i - F_j)^2 dt \qquad (10)$$

并且证明 d_{ij}/μ_{ij} 满足一般相对不平等指标的五个性质,是一个合理的组间相对不平等指标,将组间相对不平等指标定义为 $D_{ij} = \beta_{ij}^i \beta_{ij}^j d_{ij}/\mu_{ij}$,于是分解式可以最终写成:

$$G = \sum_{i=1}^{m} \theta_i G_i + \sum_{i=1}^{m} \sum_{j>i}^{m} \alpha_{ij} \theta_{ij} D_{ij} \qquad (11)$$

这一公式将总体基尼系数完全分解成组内不平等和组间不平等两部分;其中组内不平等是各亚组内部基尼系数的加权平均,权系数为相应亚组的收入份额;组间不平等是所有亚组"两两之间"相对不平等的加权平均,其中每一对亚组的相对组间不平等完全由这两个亚组分布函数之间的距离及其人口结构度量,权系数是相应两个亚组合并后的人口份额与收入份额之积。

三、基尼系数亚组分解新方法的应用

(一)中国基尼系数的地区分解

我们使用中国综合社会调查(China General Social Survey,CGSS)2007 年的家庭总收入数据,利用程永宏(2008)推导的基尼系数亚组分解公式(8),对全国居民家庭总收入的不平等进行了地区分解(程永宏,2013)。

首先,将所调查的 28 个省份分为东部、中部、西部三大地区,其中,东部地区包括北京、天津、河北、辽宁、上海、江苏、浙江、福建、山东、广东 10 个省(直辖市),中部地区包括山西、吉林、黑龙江、安徽、江西、河南、湖北、湖南 8 个省,西部地区包括内蒙古、广西、重庆、四川、贵州、云南、陕西、甘肃、宁夏、新疆 10 个省(自治区、直辖市)。

其次,将每个地区的收入数据按收入水平分组,据此拟合各地区的收入分布函数。

最后,根据公式(8)对总体基尼系数进行亚组分解,结果见表 1。

表 1　我国居民家庭总收入基尼系数的地区分解结果

各地区人口份额(%)			各地区收入份额(%)		
α_1	α_2	α_3	θ_1	θ_2	θ_3
37.3248	35.1073	27.5679	55.3541	25.1126	19.5333
地区间绝对收入差距			地区间相对收入差距		
d_{12}	d_{13}	d_{23}	D_{12}	D_{13}	D_{23}
4 053.7175	4 286.8712	26.9230	0.0332	0.0331	0.0003
各地区内部基尼系数			各地区收入分布函数拟合优度		
G_1	G_2	G_3	S_1	S_2	S_3
0.4504	0.4514	0.4902	0.9973	0.9962	0.9942

（续表）

贡献率(%)					
R_1	R_2	R_3	R_4	R_5	R_6
50.4729	22.9478	19.3840	3.9205	3.2556	0.0192
全国总体基尼系数 $G=0.4940$					

α_1、α_2、α_3分别表示东部、中部、西部的人口份额，θ_1、θ_2、θ_3分别表示东部、中部、西部的收入份额，d_{12}、d_{13}、d_{23}分别表示东中部、东西部、中西部之间的绝对收入差距，D_{12}、D_{13}、D_{23}分别表示东中部、东西部、中西部之间的相对收入差距，G_1、G_2、G_3分别表示东部、中部、西部的基尼系数，S_1、S_2、S_3分别表示东部、中部、西部的收入分布函数的拟合优度，R_1、R_2、R_3分别表示东部、中部、西部地区内部收入不平等对总体收入不平等的贡献率，R_4、R_5、R_6分别表示东中部之间、东西部之间、中西部之间的收入不平等对总体收入不平等的贡献率。

从分解结果可见，2007年全国居民家庭总收入的基尼系数达到0.494，收入差距较大，东、中、西各个地区的基尼系数均超过0.45。地区内部不平等对总体不平等的贡献率为92.8%。其中，东部地区内部不平等的贡献率最大，为50.5%，这主要是由于其收入份额较高；中部和西部地区的内部不平等对总体不平等贡献率分别为22.9%和19.4%。三大地区之间收入不平等对总体不平等的贡献率为7.2%。其中，东中部和东西部的地区间收入不平等对总体不平等的贡献率分别为3.92%和3.26%，中西部地区间的收入不平等对总体不平等的贡献率非常小。

（二）中国总体基尼系数的计算及其城乡分解分析

基尼系数亚组分解新方法被逆向使用就可以根据若干亚组的收入调查数据，计算出总体基尼系数。例如，根据国家统计局公布的城镇居民和农村居民家庭收入分组汇总数据，我们可以计算出全国总体基尼系数。程永宏(2013)公布了用这一方法计算的1980—2010年全国总体基尼系数。与国家统计局计算的全国基尼系数相比，结果有所不同，主要是国家统计局根据分户级收入数据直接计算，信息较全。1990年以前数据的计算结果差距较大，这可能与那些年份公布的收入分组数据的分组数目较少有关：对个体收入数据按收入水平分组，这一过程本身就会导致相关信息的损失；过少的分组数目可能进一步引起收入分布信息的损失,导致收入分布函数拟合效果下降。因此,建议统计部门能够提供更加详细的收入分组数据。具体结果见表2。

表2 全国总体基尼系数及其城乡分解

年份	全国基尼系数	农村基尼系数	城镇基尼系数	城乡差距	R_1(%)	R_2(%)	R_3(%)
1981	0.2927	0.2504	0.1712	0.3964	51.7	23.2	25.2
1982	0.2769	0.2515	0.1692	0.2979	55.4	23.8	20.8
1983	0.2709	0.2595	0.1693	0.2318	59.4	23.8	16.8
1984	0.2773	0.2662	0.1715	0.2415	57.4	24.9	17.7
1985	0.3073	0.2812	0.2166	0.2610	52.3	30.2	17.5
1986	0.3239	0.2960	0.2117	0.3165	49.4	30.0	20.6
1987	0.3247	0.2981	0.2208	0.2915	48.1	32.4	19.5
1988	0.3384	0.3111	0.2229	0.3229	47.9	31.5	20.5
1989	0.3529	0.3230	0.2281	0.3543	45.2	32.7	22.1
1990	0.3587	0.3221	0.2319	0.3766	43.3	33.5	23.2
1991	N.A.	0.3218	N.A.	N.A.	N.A.	N.A.	N.A.
1992	0.3993	0.3185	0.2473	0.5452	32.5	36.7	30.8
1993	0.4183	0.3395	0.2625	0.5522	31.8	38.2	30.0
1994	0.4300	0.3374	0.2847	0.5475	29.5	41.3	29.2
1995	0.4169	0.3349	0.2792	0.5036	30.9	41.2	27.9
1996	0.3946	0.2974	0.2783	0.4643	28.5	43.9	27.6
1997	0.3964	0.3353	0.2861	0.3840	32.7	44.2	23.0
1998	0.4001	0.3375	0.2911	0.3808	31.2	45.8	22.9
1999	0.4124	0.3471	0.2961	0.4055	29.1	47.0	23.9
2000	0.4275	0.3623	0.3089	0.4127	27.4	48.9	23.7
2001	0.4331	0.3671	0.3121	0.4218	25.7	50.2	24.1
2002	0.4297	0.3725	0.3057	0.4208	25.0	50.6	24.4
2003	0.4430	0.3788	0.3221	0.4242	22.7	53.4	23.9
2004	0.4419	0.3637	0.3263	0.4250	20.6	55.4	24.0
2005	0.4516	0.3503	0.3415	0.4322	17.9	58.2	23.9
2006	0.4480	0.3558	0.3349	0.4351	17.5	58.3	24.2
2007	0.4447	0.3386	0.3302	0.4544	15.3	59.3	25.4
2008	0.4531	0.3195	0.3387	0.4765	13.0	61.0	26.0
2009	0.4453	0.2963	0.3280	0.4969	12.4	59.9	27.7
2010	0.4377	0.2802	0.3265	0.4873	10.7	62.2	27.2

表2中,R_1、R_2、R_3分别为农村基尼系数、城镇基尼系数、城乡差距对全国基

尼系数的贡献率。

由表2可以看出,改革开放以来,城镇基尼系数呈现出波动上升的趋势,其中1985年和1993年是急剧升高的两个时期。这一特点与城镇部门经济体制改革进程高度吻合:1984年是中国改革从农村转向城市的开端;1992年则是建设社会主义市场经济体制的开端。两次重大改革启动后,城镇基尼系数几乎在瞬间显著升高。

农村基尼系数在1982年后总体趋势是快速上升,2003年达到最高水平0.3788,此后出现显著的下降趋势(2006年除外)。这表明2003年后减免农业税等措施产生了明显的降低农村收入差距的效果。

全国总体基尼系数在1981—1983年间略有下降,此后总体持续、快速上升,2008年达到最高水平0.4531,此后逐年下降。这表明最近几年的收入分配改革措施逐渐产生效果。

城乡差距总体表现出先下降、后上升、再下降、再上升的波动性。最近几年,虽然农村、城镇和全国基尼系数均有所下降,但城乡差距却持续、快速上升,2009年达到0.4969,2010年略有下降。

贡献率方面,农村基尼系数贡献率总体持续下降,城镇基尼系数贡献率总体持续上升,城乡差距贡献率总体先下降后上升。2010年,城镇基尼系数对全国基尼系数的贡献率达到62.2%,农村基尼系数贡献率只有10.7%,城乡差距贡献率为27.2%。这表明,目前城镇基尼系数是影响全国基尼系数的主要因素,其次是城乡差距。

四、政策含义

全国基尼系数近几年出现的下降趋势表明,收入分配调节政策起到了一定的作用,至少遏制住了收入差距迅速上升的势头,应当继续坚持并不断完善。

从地区分解结果看,地区间收入差距虽然明显存在,但其对全国基尼系数的贡献率只有7.2%。因此,目前缩小全国收入差距的重点不在于地区间差距方面。这与流行的观点可能存在区别。

相反,城镇部门内部的收入差距是影响全国收入差距的主要因素,城乡差距是另一个重要因素。因此,降低全国基尼系数的政策,应该首先以降低城镇内部差距和城乡差距为重点。

参 考 文 献

1. 程永宏,2006:《二元经济中城乡混合基尼系数的计算与分解》,《经济研究》,第1期。
2. 程永宏,2008:《基尼系数组群分解新方法研究:从城乡二亚组到多亚组》,《经济研究》,第8期。
3. 程永宏,2013:《中国基尼系数及其分解分析:理论、方法和应用》,北京:中国经济出版社。
4. 徐宽,2003:《基尼系数的研究文献在过去八十年是如何拓展的》,《经济学》,第4期。

如何看待中国居民收入差距的几种估计结果

岳希明[①] 李 实[②] 高 霞[③]

收入分配不平等是目前中国社会最受关注的社会问题之一。2012年12月9日西南财经大学中国家庭金融调查与研究中心根据其住户调查公布,2010年全国家庭收入基尼系数为0.61,在社会上引起较大反响。2013年年初,国家统计局发布了2003年以来各年度全国居民收入基尼系数,其中,2012年全国居民收入基尼系数为0.474。北京大学课题组利用中国家庭动态跟踪调查测算2012年全国居民收入基尼系数为0.48。如何看待中国居民收入差距的几种结果？以下是我们的讨论。

一、中国居民收入不平等程度：来自不同住户调查的基尼系数估计值

谈起中国居民收入分配不平等程度,首先不得不说的是国家统计局的全国居民收入基尼系数的估计值。国家统计局具有中国目前最大的住户调查,把握居民收入水平和差距是其调查最主要的目的之一。改革开放之后,国家统计局于1980年恢复了"文化大革命"中被中断的住户调查。尽管如此,在2013年以前,国家统计局并没有完整地公布基于调查计算的全国居民收入基尼系数,仅仅计算并公布农村居民人均纯收入的基尼系数,而对城镇居民人均可支配收入

[①] 中国人民大学财政金融学院教授、博士生导师。
[②] 中国收入分配研究院执行院长,北京师范大学教授、博士生导师,长江学者特聘教授。
[③] 河南财经政法大学副教授。

基尼系数的每年估计值,仅作为统计局内部参考之用,并未向一般公众公开。其主要原因是城乡居民收入口径不完全可比、城镇调查样本中高收入群体比重偏低。2012 年,国家统计局进行城乡住户调查一体化改革,建立了城乡统一的收入指标体系,并结合个人所得税收资料等,对城乡居民收入调查数据进行了口径调整,对城镇高收入户比重过低的问题进行了校准,在此基础上测算全国居民可支配收入基尼系数。2013 年 1 月 18 日,国家统计局公布了 2003 年至 2012 年全国居民人均可支配收入的基尼系数,这是国家统计局在改革开放之后第一次公布全国居民收入的官方统计基尼系数。① 由于我们从未见过改革开放之前居民收入基尼系数的官方估计值,因此,此次国家统计局公布的基尼系数可谓是新中国成立以来的第一次。图 1 显示了此次国家统计局公布的全国居民可支配收入基尼系数②,据此可知,全国居民收入基尼系数在 2003 年为 0.479,之后逐年连续上升,到 2008 年达到最高点 0.491,其后几年有所回落,到 2012 年降为 0.474。

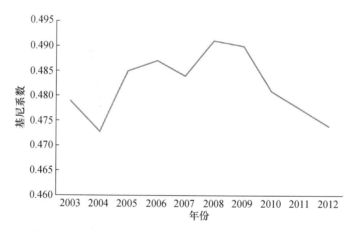

图 1　国家统计局公布全国居民人均可支配收入基尼系数

在国家统计局公布全国居民收入基尼系数之前的很长一段时间里,作为全

---

① 在 2001 年发表于《中国国情国力》的一篇文章中,国家统计局给出了 1995—1999 年五年全国居民收入的基尼系数(国家统计局,2001),这次的基尼系数通常被人们视为国家统计局在改革开放之后第一次公布全国居民收入的基尼系数。据了解,这是国家统计局课题组的一项研究结果,并未作为国家统计局的官方统计结果进行公布。

② 关于此次基尼系数估计的具体方法,参见王萍萍(2013)。

国居民收入基尼系数的唯一数据是中国社会科学院收入分配课题组(以下简称"社科院收入分配课题组"或"收入分配课题组")根据其组织的住户调查计算的数据。社科院收入分配课题组的第一次住户调查在1988年,之后大致每七年调查一次,迄今为止已有1988年、1995年、2002年和2007年四轮住户调查。目前课题组正在准备第五轮的住户调查,调查年份为2013年。课题组成员由社科院经济所研究人员和国外研究人员两部分组成,最初两轮调查由赵人伟研究员主持,最近两次由李实教授主持。

收入分配课题组住户调查的样本建立在国家统计局住户调查样本的基础之上,国家统计局的住户调查由农村和城镇两个独立样本构成,收入分配课题组的住户样本也区分为农村和城镇两部分,其农村样本和城镇样本分别为国家统计局住户调查农村样本和城镇样本的子样本。以2007年为例,国家统计局住户调查的农村样本为7.4万户,其中的1.3万户为收入分配课题组的农村样本。同年,国家统计局城镇样本为6.6万户,其中1万户构成了收入分配课题组城镇样本。收入分配课题组样本并没有覆盖到全国31个省,农村样本所包含的省份与城镇样本不完全相同,而且无论是农村样本还是城镇样本,其所含省份在四轮住户调查中各不相同,这一点主要是由于受到每次住户调查时所能筹集到的调查经费的影响。和国家统计局的住户调查相同,农村样本和城镇样本分别用来估算农村和城镇居民的收入水平和收入差距(如基尼系数),不同的是,国家统计局没有将城乡两套样本合并计算全国居民收入的基尼系数;而收入分配课题组则使用城乡人口对农村和城镇样本进行加权后估计全国居民收入水平和收入差距。该项目最近一轮住户调查数据显示,2007年全国居民人均收入的基尼系数为0.485,与2002年的0.460相比,上升了2.5个百分点。①

改革开放以来,随着我国经济的持续快速发展,居民收入差距也在不断扩大,引起社会各界的高度关注。以收入为内容的民间住户调查不断增加,这些收入调查也给出了全国以及分城乡居民收入的基尼系数。下面介绍西南财经大学中国家庭金融调查(China Household Finance Survey,CHFS)和北京大学中国家庭动态跟踪调查(China Family Panel Studies,CFPS)两个住户调查报告的

---

① 因收入中是否包括住户自有住房折算租金以及所用权重不同等因素,基尼系数略有不同。

基尼系数。①

根据西南财大住户调查,2010年全国家庭收入的基尼系数为0.61,城镇和农村家庭收入的基尼系数分别为0.58和0.61。② 这些基尼系数是迄今为止关于中国居民收入基尼系数的最高估计值,因此得到社会的广泛关注。但是,该调查存在一些缺陷,下一节将对此进行讨论。2013年7月17日北京大学中国家庭追踪调查发布了《中国民生发展报告(2013)》。该报告显示,2010年以家庭为单位全国家庭纯收入基尼系数为0.51,农村和城镇分别为0.50和0.48;以家庭成员为单位的人均家庭纯收入基尼系数,全国为0.52,农村和城镇分别为0.48和0.50。另外,无论是全国,还是分城乡,与2010年相比,2012的基尼系数均有所下降,这一点与国家统计局的数据是吻合的。

以上是根据几个住户调查得到的基尼系数来观察我国居民收入分配的不平等程度,下面我们从国际比较的角度来考察我国居民收入差距。为此,我们从OECD、世界银行、美国中央情报局以及其他相关网站找到了2007年以来的121个主要国家和地区(中国香港和中国台湾)的居民收入基尼系数。③ 图2描绘了这些国家和地区基尼系数的密度图。可以看出,绝大多数国家的基尼系数位于0.25—0.5。从分位数的计算结果可知,在这121个国家和地区中,有一半

---

① 除了这两个住户调查之外,其他的住户调查还有中国人民大学实施的中国综合社会调查(Chinese General Social Survey)以及北京大学组织实施的中国健康与养老追踪调查(China Health and Retirement Longitudinal Study,CHARLS)。由于这两个调查没有计算公布其基尼系数,因此在此不予讨论。

② 这里的基尼系数不是西南财大研究项目最初在2012年12月9日发布的基尼系数。根据项目负责人甘犁教授的解释,上述基尼系数公布之后,他们根据谢宇教授的建议,对权重进行了调整,这里应用的基尼系数即为权重调整之后的估计值。详见甘犁(2013)。

③ 格鲁吉亚、克罗地亚、几内亚、玻利维亚、尼加拉瓜、保加利亚、纳米比亚、肯尼亚、中国、立陶宛、马耳他、危地马拉、坦桑尼亚、巴西、圭亚那、哈萨克斯坦、哥伦比亚、拉脱维亚、委内瑞拉、斯洛文尼亚、俄罗斯、波黑、摩洛哥等23个国家的基尼系数来源于网址 https://www.cia.gov/library/publications/the-world-factbook/rankorder/2172rank.html;除俄罗斯、波兰、斯洛文尼亚之外的31个OECD国家的基尼系数来源于网址 http://stats.oecd.org/Index.aspx?DatasetCode=IDD;中国香港的基尼系数来源于网址 http://finance.591hx.com/article/2012-06-19/0000206620s.shtml;新加坡的基尼系数来源于网址 http://news.xinhuanet.com/world/2013-02/20/c_114743796.htm;中国台湾的基尼系数来源于网址 http://www.chinanews.com/tw/2011/08-23/3278249.shtml;其他64个国家的基尼系数来源于网址 http://data.worldbank.org/indicator/SI.POV.GINI,包括阿尔巴尼亚、阿富汗、阿根廷、阿塞拜疆、埃及、埃塞俄比亚、安哥拉、巴基斯坦、巴拉圭、巴拿马、白俄罗斯、波兰、布基纳法索、多哥、多米尼加、厄瓜多尔、菲律宾、哥斯达黎加、黑山、洪都拉斯、吉尔吉斯斯坦、柬埔寨、科特迪瓦、老挝、卢旺达、罗马尼亚、马达加斯加、马拉维、马来西亚、马其顿王国、毛里塔尼亚、蒙古、孟加拉国、秘鲁、摩尔多瓦、莫桑比克、南非、南苏丹、尼泊尔、尼日本、尼日利亚、萨尔瓦多、塞尔维亚、塞拉利昂、塞内加尔、斯里兰卡、斯威士兰、苏丹、塔吉克斯坦、泰国、突尼斯、土耳其、乌干达、乌克兰、乌拉圭、西岸和加沙、亚美尼亚、印度、印度尼西亚、约旦、越南、赞比亚、中非共和国、斐济。

的国家和地区的基尼系数低于0.36；有近90%的国家和地区，其居民收入的基尼系数低于0.51。基尼系数小于0.3的国家主要集中在欧洲，如丹麦、德国、法国等国。基尼系数超过0.5的国家主要集中在南美洲和非洲国家（见图3），其中，只有南非一个国家的基尼系数超过0.6，为0.631。由此可见，居民收入的基尼系数超过0.6是非常罕见的。

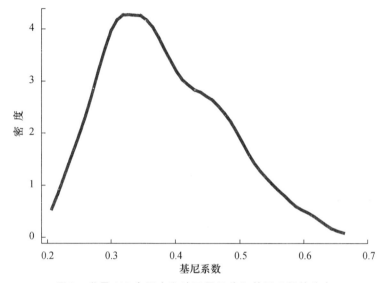

图2 世界121个国家和地区居民收入基尼系数的分布

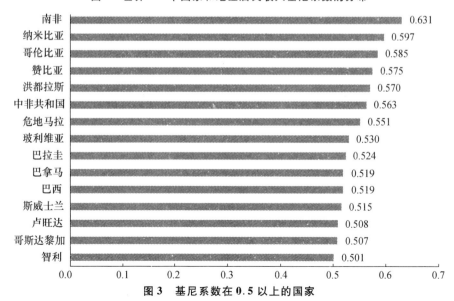

图3 基尼系数在0.5以上的国家

一国居民收入分配的不平等程度可能与经济发展水平、人口规模和国土面积有一定的关系。为了验证这一点,我们把基尼系数对人均 GDP、人口数以及国土面积进行了回归,结果发现,以人均 GDP 衡量的经济发展水平与基尼系数之间存在明显的负相关关系。具体地说,人均 GDP 每增加 1 000 美元,基尼系数下降近 0.2 个百分点。基尼系数与人口规模之间不存在任何相关关系。基尼系数与国土面积之间略呈正的相关关系,但统计上仅达到 10% 的显著水平,且估计系数非常小。具体地说,国土面积每增加 1 000 平方公里,基尼系数上升 0.0006 个百分点。回归结果还显示,单是人均 GDP 的差异,就可解释国家和地区之间基尼系数差距的 20%。回归时增加人口规模和国土面积为解释变量,并不能增加对国家和地区间基尼系数差异的解释能力。由此可见,以 GDP 衡量的经济发展水平是一国或一个地区居民收入不平等程度最主要的决定因素之一。

二、不同住户调查的优缺点

以上根据不同住户调查以及从国际比较的角度考察了我国的居民收入不平等程度。作为居民收入不平等指标的基尼系数是根据住户调查数据估计得到的,住户调查影响着基尼系数,因此,在比较和评价不同住户调查产生的基尼系数时必须要考察产生基尼系数背后的住户调查,这也是本节论述的目的。

住户调查是以住户为调查对象的调查的总称。并不是所有的住户调查都是以调查住户的收入为目的的,即使是以收入为主要调查内容,也未必一定追求在收入水平和差距上具有全国代表性。本文的目的在于考察我国全国以及分城乡居民收入不平等水平,因此仅从居民收入水平和差距的全国和城乡代表性的角度对上述住户调查进行考察。

首先是国家统计局住户调查。在 2013 年城乡统一住户调查实施之前,国家统计局的住户调查由农村住户调查和城镇住户调查两个独立的住户调查组成。住户调查的城乡分割表现在两个机构、两套抽样方案、两套指标体系以及两种公开出版物等多个方面。城乡分割的住户调查未把农村和城镇样本合并,由此给估算全居民收入水平和差距带来了极大的困难。具体表现在:(1) 样本覆盖不完整。城乡结合部住户和流动人口样本不足;(2) 收入定义不统一,农村使用人均纯收入的概念,城镇使用人均可支配收入的定义。除了由城乡分割导致的问题之外,城镇住户调查高收入样本户不足,以及已有高收入样本收入低估是国家统计统计局住户调查存在严重问题之一。

国家统计局住户调查尽管有以上的缺陷,但其优势也是非常明显的。首先,它的样本量非常大。统计局住户调查样本量经历了由小到大的过程,城乡一体化住户调查实施前一年的2012年,城镇样本为6.6万户,农村样本7.4万户,全国合计14万户。在抽样方法等其他条件一定的情况下,样本量是决定抽样误差大小的最重要因素。其次,农村住户调查采取日记账数据收集方式,加之农户在调查中的配合程度高,由此可以准确地核算农户自产自销农产品价值,避免农户收入尤其是低收入农户的收入低估问题。

如上所述,社科院收入分配课题组的住户调查始于1988年,迄今为止已经进行了四轮住户调查,从一开始该调查的主要目的就在于测量中国居民收入差距水平,以及探索其产生的原因。该住户调查的样本完全依赖于国家统计局的住户样本,其住户样本由农村和城镇两个独立样本组成,农村样本和城镇样本分别是统计局农村和城镇住户调查的子样本。但是,无论是农村样本还是城镇样本,收入分配课题组样本均未涵盖全国31个省,所含省份因农村和城镇而异,在四轮住户调查中各不相同。[①] 在样本省的选择上,东部、中部以及西部三大地区的因素被给予了特殊的考虑。首先,无论是农村样本,还是城镇样本,其样本省必须同时分布在东部、中部、西部三个地区;其次,从每个地区选取样本省时,充分考虑所选样本省对本区(东中西的其中之一)的代表性。不仅如此,在估算农村、城镇以及全国居民收入水平和基尼系数时,使用各地区人口数对样本户收入进行了加权。该样本对全国代表性的判定标准在于,在使用相同收入定义的条件下,该样本产生的人均收入水平及其差异与国家统计局大样本的估计值是否十分接近。如果二者之间差异不大的话,则判定课题组的小样本具备全国代表性,否则缺乏全国代表性。表1分城乡就人均收入的绝对水平和基尼系数的估计值对课题组小样本和统计局大样本进行了比较。从表1可以看出,二者之间十分相近,因此可以说收入分配课题组的样本基本具有全国代表性。在农村样本和城镇样本分别满足全国代表性的前提下,使用城乡人口数对

---

① 四轮住户调查所含省份数以及样本户数有多又少,主要是由于当时所能筹集到的调查经费所决定的。经费充足时,样本量就大一些,反应就小一些。

两个样本进行加权,即可得到相关指标的全国整体居民的估计值。举例说,使用城乡人口数对农村和城镇居民人均收入进行加权,即可计算全国居民收入的基尼系数。

表1 社科院收入分配课题组(CHIP)与国家统计局(NBS)住户调查比较

年份	农村			城镇		
	CHIP	NBS	CHIP/NBS	CHIP	NBS	CHIP/NBS
人均收入(元)						
1988	535	545	0.98	1 274	1 180	1.08
1995	1 564	1 578	0.99	4 517	4 283	1.05
2002	2 592	2 476	1.05	7 619	7 703	0.99
2007	4 620	4 140	1.12	15 117	13 786	1.10
基尼系数						
1988	0.33	0.31	1.09	0.24	0.23	1.02
1995	0.38	0.34	1.12	0.28	0.28	1.01
2002	0.37	0.36	1.01	0.32	0.32	1.00
2007	0.38	0.37	1.01	0.34	0.34	1.00

社科院收入分配课题组在实物收入核算、自有住房虚拟租金计算及增加流动人口样本上付出了一定的努力,使得对居民收入差距的估计更加准确。另外,李实、罗楚亮(2011)尝试用福布斯和胡润排行中富豪的财富信息,以及我国上市公司高管薪酬信息补充收入分配课题组缺失的高收入住户样本,由此来考察国家统计局住户调查高收入样本缺失对基尼系数估计值的影响程度,结果显示,加入这些高收入样本时,全国居民人均收入的基尼系数由 0.4784 上升到 0.5240。[①]

西南财经大学中国家庭金融调查是以研究家庭资产配置、消费储蓄等行为为目的的调查,在调查住户金融资产的同时,该调查收集了收入的信息,并以此计算了全国和城乡家庭收入的基尼系数。由于家庭财产调查相对困难,与收支调查相比,以往住户调查在收集家庭财产信息上明显不足,从这一意义上讲,西

---

① 此处的基尼系数为包含流动人口样本,并使用国家统计局收入定义的估计值。有关其他基尼系数的估计值,参见李实、罗楚亮,2011:《中国收入差距究竟有多大?——对修正样本结构偏差的尝试》,《经济研究》,第1期,第68—79页。

南财经大学住户调查改善了我国家庭财产调查不足的状况。不仅如此,该调查采用电子化入户访问方式采集基础数据,降低人为因素的调查误差,在现场调查中执行较严格的组织管理,拒访率相对较低。仔细考察该项目的抽样方案,以及项目公布的住户数据可知,该调查在样本抽选、问卷设计,以及基尼系数估计等方面均存在缺陷,以下仅就几个主要问题给予讨论。① 首先讨论调查的抽样问题。西南财大住户调查采取了三阶段PPS抽样方法。② 第一阶段抽样抽取市县;第二阶段从样本市县中抽取居/村委会;第三阶段从样本居/村委会中抽取住户。各阶段设计的样本量为:全国样本市县为80个,每个样本市县中抽取4个居/村委会,全国共320个样本居/村委会,从每个居/村委会抽取20户到50户不等的样本户,但平均样本户数为25户,全国样本户规模在8 000—8 500户。③ 抽样的最主要问题发生在第二阶段。在第二阶段抽取居/村委会时,第一阶段抽取的80个市县样本按非农人口比重标准五个等级分组,从非农人口比重最低组到最高组,抽取居委会与村委会个数的比率依次为0:4、1:3、2:2、3:1、4:0。在第三阶段抽取住户时,从村委会抽取的住户为农村住户样本,从居委会抽取的住户为城镇样本。因此,此处村/居委会样本的抽取办法意味着,从非农人口比重最高的16个市县(把80个市县按照五个等级分组,每组为16个市县)仅仅抽取城镇样本住户。相反,在非农人口比重最低的16个市县仅抽取农村样本住户。考虑到非农人口比重与收入之间的正相关,以及相对城镇来说,农村住户的收入较低的事实,上述村/居委会样本的抽取办法实际上是在高收入地区仅仅抽取高收入户,在低收入地区仅仅抽取低收入户,这不可避免地导致居民收入差距的高估。值得注意的是,在非农人口比重最高的市县仅仅抽取城镇住户,而在非农人口比重最低市县仅仅抽取农村住户所导致的偏差,是无法通过权重调整弥补的。原因是前者没有农村样本,而后者没有城镇样本可以利用。其次,从调查问卷的相关问题来看,西南财大研究项目很难准确核算农村自产自销农产品的收入部分,因此不可避免地导致对农户(尤其是低收入农户)的收入水平的低估,进而导致对农村贫困发生率的高估。④ 最后,在基尼系

---

① 全面的讨论参见岳希明、李实(2013)。
② 本节对西南财经大学住户调查抽样方法的解释来自甘犁等(2012)。
③ 从西南财经大学公开的数据上看,最终样本户数为8 438户。
④ 详细讨论参见岳希明、李实,2013:《关于基尼系数争论的回顾》。

数的计算上,西南财经大学研究项目的做法与常规做法不同。在估计全国家庭基尼系数时,西南财大研究组将收入小于0的家庭去掉,同时去除最高和最低收入的1%的家庭。利用住户数据计算基尼系数时对部分住户剔除的做法实属罕见,同时不可避免地引发诸多质疑。为何要去掉最高和最低收入家庭?为何去掉最高和最低收入1%的家庭,而不是0.5%或5%的家庭?为何权重不能解决最高和最低收入家庭问题?计算基尼系数时同时去掉高收入和低收入样本,将直接导致基尼系数的低估。在保留所有住户样本户,并以人均收入计算基尼系数的情况下,全国居民人均收入的基尼系数为0.71,城镇和农村分别为0.69和0.65。[①]

最后讨论北京大学进行的中国家庭动态跟踪调查。该调查是以跟踪家庭成员、家庭以及社区为目的的调查,其调查内容之一是家庭和家庭成员的收入和消费,由此可以估算居民收入水平和差距。该项目在2010年进行第一次正式调查,样本涵盖25个省份的16 000户家庭。从上节可知,该项目产生的全国居民人均收入的基尼系数虽然高于国家统计局的数据,但二者十分接近(前者公布的2012年基尼系数为0.48,后者同年的数据为0.474)。从严格意义上讲,二者并不完全可比。例如,家庭动态追踪调查的家庭收入并没有包括住户自有住房折算租金,而国家统计局是包括的。另外,虽然在全国居民人均收入基尼系数上二者十分接近,但是城乡间的差距很大。以农村为例,国家统计局公布的2010年农村人均纯收入基尼系数为0.3897[②],而家庭动态追踪调查的相应数字为0.48,后者较前者高出10个百分点。二者之间的差距可能来自多种原因。二者在农村范围的界定、收入定义,以及对农户自产自销农产品核算准确度等方面的差异都会导致二者在农村居民不平等程度测量上的差异,这一点有待于进一步考察。但是无论如何,仅就全国居民人均收入基尼系数而言,二者是十分接近的,这一点也间接地验证了中国居民人均收入基尼系数大致在0.5左右的结论,而西南财经大学的住户调查产生的基尼系数0.61则可能高估了中国居民收入的差距。

---

① 西南财经大学公布的基尼系数是以家庭为单位计算的基尼系数,为了和其他住户调查比较,此处的基尼系数是以个人为单位的人均收入基尼系数。

② 2013年1月18日国家统计局仅仅公布了全国居民人均可支配收入的基尼系数,而没有分城乡的数字。这里的农村居民人均纯收入基尼系数是国家统计局迄今为止每年公布的农村居民收入不平等指标。

三、结束语

中国居民收入差距究竟有多大？围绕这一疑问，本文首先显示并比较了几个不同住户调查产生的基尼系数，然后对住户调查本身进行了讨论。结果显示，国家统计局住户调查、社科院收入分配课题组以及北京大学中国家庭动态跟踪调查三个住户调查结果测算的基尼系数集中在 0.47—0.53。西南财经大学中国家庭金融调查结果测算的基尼系数明显偏离这一区间，通过考察各住户调查可知，西南财经大学中国家庭金融调查在抽样方法、数据采集和数据处理等方面存在缺陷，是其测算结果出现偏高的根本原因。我们认为当前中国居民收入基尼系数最大可能在 0.50 左右，上下偏差幅度不会很大。

参考文献

1. 甘犁、尹志超、贾男、徐舒、马双，2012：《中国家庭金融调查报告（2012）》，成都：西南财经大学出版社。

2. 甘犁，2013：《关于中国家庭金融调查数据的再说明》，http://cn.wsj.com/gb/20130221/OPN071222.asp?source=channel；或 http://www.ciidbnu.org/news/201302/20130223120901706.html。

3. 国家统计局，2001：《从基尼系数看贫富差距》，《中国国情国力》，第 1 期。

4. 李实、罗楚亮，2011：《中国收入差距究竟有多大？——对修正样本结构偏差的尝试》，《经济研究》，第 4 期。

5. 李实、佐藤宏、史泰丽，2013：《中国收入差距变动分析——中国收入分配研究（Ⅳ）》，北京：人民出版社。

6. 王萍萍，2013：《关于我国居民收入基尼系数测算的几个问题》，http://www.stats.gov.cn/tjfx/grgd/t20130201_402871278.htm。

7. 谢宇、张晓波、李建新、于学军、任强，2013：《中国民生发展报告 2013》，北京：北京大学出版社。

8. 岳希明、李实，2013：《关于基尼系数争论的回顾》，http://opinion.caixin.com/2013-07-08/100552766.html。

第四部分

收入分配分析

改革开放以来我国宏观收入分配分析

施发启[①]

政府、企业和居民收入分配是最重要的宏观收入分配关系,搞清这三者收入分配的现状、问题及成因,是制定各项有针对性的收入分配政策的前提和基础。本报告分为三个部分:第一部分是我国宏观收入分配格局的变化及国际比较;第二部分是当前我国宏观收入分配格局中存在的主要问题;第三部分是改善我国宏观收入分配关系的政策建议。

一、我国宏观收入分配格局的变化及国际比较

收入分配包括初次分配和再分配两个层次。初次分配是对生产要素的分配,再分配则是生产环节之后通过经常转移的形式对收入的分配。生产活动形成的原始收入,是整个收入分配的起点,经过初次分配,形成了一国的初次分配总收入;经过收入的再分配,最终形成了一国的可支配总收入。一国的初次分配总收入和可支配总收入在政府、企业和居民之间分配的比例及其相互关系,即通常所说的三者分配关系,就是本文要研究的主要内容。

(一) 政府、企业和居民三者收入初次分配

收入初次分配是按照各生产要素对生产的贡献程度,对生产成果所进行的直接分配。一国的初次分配总收入,过去称为国民生产总值(GNP),联合国

[①] 国家统计局国民经济核算司处长,高级统计师。

1993 年 SNA 已改称为国民总收入(GNI)。

改革开放以来,随着国家收入分配政策的调整,政府、企业和居民三者收入初次分配关系发生了显著变化。1978 年,政府、企业和居民三者收入初次分配比例为 35.8%、13.2% 和 51.0%。到 2011 年,这一比例变为 15.4%、23.9% 和 60.7%。34 年间,政府收入比重下降了 20.4 个百分点;企业收入比重上升了 10.7 个百分点;居民收入比重上升了 9.7 个百分点。企业和居民收入比重上升、政府收入比重下降是改革开放以来收入初次分配变化的基本特征。但是从总体上看,居民拿大头的收入分配格局没有改变。

改革开放以来,三者收入初次分配关系的演变大体可划分为向居民倾斜(1978—1995 年),向政府、企业倾斜(1996—2008 年)和重新向居民倾斜(2009 年至今)三个阶段。

在第一个阶段,政府收入比重下降较多,居民收入比重上升较快,企业收入比重在波动中上升。1995 年,政府、企业和居民三者收入比重分别为 12.4%、22.4% 和 65.2%。与 1978 年相比,政府收入比重下降了 23.4 个百分点,企业收入比重上升了 9.2 个百分点,居民收入比重上升了 14.2 个百分点。这一时期收入初次分配的主要特点是向居民倾斜,带有补还历史欠账的性质。特别是在 20 世纪 80 年代后期,一度出现了收入向居民过快倾斜的现象。

在第二个阶段,随着国家宏观调控政策的变化,政府收入比重和企业收入比重不断上升,而居民收入比重则在波动中下降,收入初次分配出现向政府和企业倾斜的趋势。到 2008 年,政府、企业和居民三者收入比重变为 14.7%、26.6% 和 58.7%。与 1995 年相比,政府收入比重提高了 2.3 个百分点,企业收入比重提高了 4.2 个百分点,居民收入比重下降了 6.5 个百分点。

在第三个阶段,随着政府宏观收入分配政策的调整和加大对民生的投入,居民收入比重扭转了多年持续下降的态势,并有所反弹。政府收入比重保持基本稳定,企业收入比重有所下降。到 2011 年,政府、企业和居民三者收入比重变为 15.4%、23.9% 和 60.7%。与 2008 年相比,政府收入比重提高了 0.7 个百分点,企业收入比重下降了 2.7 个百分点,居民收入比重提高了 2 个百分点。三个阶段中国收入初次分配结构见表 1。

表1 1978—2011年收入初次分配结构　　　　　　　　单位:%

年份	政府	企业	居民
1978	35.8	13.2	51.0
1988	21.3	8.5	70.2
1990	21.8	9.3	68.9
1992	15.9	17.7	66.4
1993	15.6	21.4	63.0
1994	13.2	21.2	65.6
1995	12.4	22.4	65.2
1996	12.8	18.9	68.3
1997	12.5	20.5	67.0
1998	12.9	19.2	67.9
1999	13.1	19.1	67.8
2000	13.1	19.7	67.2
2001	12.7	21.4	65.9
2002	13.9	21.6	64.5
2003	13.6	22.3	64.1
2004	13.8	25.1	61.1
2005	14.2	24.5	61.3
2006	14.5	24.8	60.7
2007	14.7	25.7	59.6
2008	14.7	26.6	58.7
2009	14.6	24.7	60.7
2010	15.0	24.5	60.5
2011	15.4	23.9	60.7

1. 政府初次分配收入变化[①]

政府初次分配收入由生产税净额、营业盈余总额[②]和财产净收入构成,其中

---

　① 由于国家统计局从1992开始才正式编制实物资金流量表,因此以下分机构部门的分析涉及的起始时间为1992年。1978—1992年间的三者收入分配比例是根据有关资料推算出来的。
　② 由于目前我国的政府是一个大政府的概念,有不少行政事业单位中的附属单位从事营利性活动,故政府部门存在一定规模的营业盈余收入(包括折旧)。

生产税净额占政府初次分配收入的 90% 以上。从 1992 年到 2011 年,政府初次分配收入从 4 283 亿元增加到 72 067 亿元,年均增长 16.0%,比同期国民总收入增长慢 0.2 个百分点,这导致政府初次分配收入占国民总收入的比重由 1992 年的 15.9% 下降到 2011 年的 15.4%。政府初次分配收入比重变化可以分成两个阶段,第一阶段是快速回落阶段,第二阶段是缓慢上升阶段。

(1) 快速回落阶段(1992—1995 年)

在此期间,政府初次分配收入年均增长 20.0%,低于同期 GNI 增长 10.5 个百分点,其占 GNI 比重由 1992 年的 15.9% 回落到 1995 年的 12.4%。政府初次分配收入增长慢于 GNI,主要是因为政府生产税净额增长慢于 GNI。由于受 1994 年将要实行税制改革的预期影响,各地抬高基数,1993 年的生产税出现了超常增长(43.0%),比当年 GNI 增长率(现价)高出 12.1 个百分点。1994 年税制改革后,上述因素消失,1995 年生产税净额增长回落到正常水平,政府初次分配收入占 GNI 的比重也出现了快速回落,比 1992 年回落了 3.5 个百分点。

(2) 缓慢上升阶段(1996—2011 年)

在此阶段,政府初次分配收入年均增长 15.3%,高于同期 GNI 增长 1.6 个百分点,其占 GNI 比重由 1996 年的 12.8%,在波动中缓慢攀升到 2011 年的 15.4%,平均每年上升 0.19 个百分点。出现这种变化的原因是:1996—1998 年,我国加强了税收征管,加大了打击走私和出口骗退税以及虚开增值税发票等违法犯罪的力度,清理和取消了一些到期的税收优惠政策。这些行之有效的措施保证了 1996—1998 年政府生产税增长速度连续三年超过两位数,并快于同期现价 GNI 增长率。1999—2001 年,由于受亚洲金融危机的冲击,政府生产税增长慢于 GNI,导致政府初次分配收入比重又有所降低。2002 年以后,随着我国成功加入世界贸易组织,我国经济增长率连续 5 年保持在两位数以上,政府生产税增长在大多年份中都快于 GNI,这导致政府初次分配收入比重呈波动攀升趋势。1992—2011 年中国政府初次分配收入见表 2,1993—2011 年中国政府生产税净额、初次分配收入和 GNI 增长率见表 3。

表2 1992—2011年政府初次分配收入

单位：亿元

年份	1992	1993	1994	1995	1996	1997	1998	1999	2000	2001
生产税净额	2379.8	3401.9	4125.6	5085.6	6836.8	8100.2	9146.5	10391.8	11975.3	12968.2
营业盈余总额	1937.8	2173.2	2231.6	2436.2	2196.2	1940.2	1852.1	1310.6	1264.7	937.1
财产净收入	-34.8	-90.8	12.1	-115.8	-61.4	-257.1	-261.7	-121.4	-374.8	-208.0
利息	-121.8	-172.5	-265.4	-373.0	-483.9	-429.5	-471.5	-526.6	-458.5	-543.5
红利	59.9	49.5	207.4	177.9	321.9	48.8	82.4	270.2	20.6	263.1
地租	33.7	41.5	83.2	97.1	117.9	126.9	141.5	155.3	84.2	92.8
其他	-6.7	-9.3	-13.2	-17.8	-17.3	-3.3	-14.2	-20.3	-21.1	-20.4
初次分配收入	4282.7	5484.2	6369.2	7406.0	8971.7	9783.4	10736.9	11581.0	12865.2	13697.3
年份	2002	2003	2004	2005	2006	2007	2008	2009	2010	2011
生产税净额	14761.8	17516.2	20608.8	23685.7	27656.7	35304.9	39556.3	41962.8	52672.6	62270.8
营业盈余总额	1525.8	1270.0	1362.1	2224.2	2777.7	3068.9	5301.0	5522.0	5114.1	5662.4
财产净收入	312.4	-398.6	-58.2	164.0	938.7	893.0	1691.8	2121.6	2140.1	4133.7
利息	-420.3	-639.3	-327.7	-331.4	-332.8	-726.6	-1693.7	-2107.1	-2419.6	-2020.6
红利	618.9	78.1	99.8	191.9	329.7	271.0	1598.6	2064.9	1465.8	2391.2
地租	110.5	126.2	175.1	306.1	579.9	965.7	1337.1	1733.8	2428.7	3075.5
其他	3.2	36.5	-5.5	-2.6	361.9	382.9	449.8	430.1	665.2	687.8
初次分配收入	16600.0	18387.5	21912.7	26073.9	31373.0	39266.9	46549.1	49606.3	59926.7	72066.9

表 3　1993—2011 年政府生产税净额、初次分配收入和 GNI 增长率　　单位:%

年份	生产税净额	政府初次分配收入	GNI
1993	43.0	28.1	30.9
1994	21.3	16.1	36.4
1995	23.3	16.3	24.3
1996	34.4	21.1	17.3
1997	18.5	9.0	11.3
1998	12.9	9.7	6.4
1999	13.6	7.9	6.6
2000	15.2	11.1	10.8
2001	8.3	6.5	10.3
2002	13.8	21.2	10.2
2003	18.7	10.8	13.3
2004	17.7	19.2	18.1
2005	14.9	19.0	15.2
2006	16.8	20.3	17.6
2007	27.7	25.2	23.4
2008	12.0	18.5	18.6
2009	6.1	6.6	7.7
2010	25.5	20.8	17.5
2011	18.2	20.3	17.2
平均	18.7	16.0	16.2

2. 企业初次分配收入变化

企业初次分配收入由营业盈余总额和财产净收入构成。1992—2011 年,企业初次分配收入从 4 763 亿元增加到 112 213 亿元,年均增长 18.1%,比同期 GNI 增长快 1.9 个百分点,导致企业初次分配收入占 GNI 的比重由 1992 年的 17.7% 上升到 2011 年的 23.9%。总体上说,企业初次分配收入比重变化可以分成三个阶段,第一阶段是快速上升阶段,第二阶段是快速回落阶段,第三阶段是缓慢回升阶段。1992—2011 年企业初次分配收入见表 4。

(1) 快速上升阶段(1992—1995 年)

此阶段,企业初次分配收入比重由 1992 年的 17.7% 快速上升到 1995 年的 22.4%,平均每年上升 1.57 个百分点。出现这种变化的主要原因包括:

一是企业经济效益提高。1992—1995 年,由于我国商品短缺没有完全消除,卖方市场仍占据主导地位,再加上全国各地掀起了新一轮经济建设的高潮,

表 4　1992—2011 年企业初次分配收入

单位：亿元

年份	1992	1993	1994	1995	1996	1997	1998	1999	2000	2001
营业盈余总额	5906.5	9341.7	13066.0	17229.1	17913.6	20013.2	20595.4	20990.5	22072.9	26374.6
财产净收入	-1143.1	-1780.5	-2867.4	-3838.0	-4658.5	-4027.3	-4696.6	-4084.7	-2748.6	-3252.4
利息	-1043.8	-1665.6	-2516.9	-2700.4	-3181.2	-2826.7	-3042.3	-2469.6	-1315.6	-1112.9
红利	-63.5	-70.4	-266.5	-1039.8	-1328.3	-1029.1	-1494.0	-1422.8	-1321.9	-2023.6
地租	-33.5	-41.1	-82.2	-95.8	-116.3	-124.8	-138.9	-152.2	-80.7	-89.1
其他	-2.3	-3.4	-1.8	-2.0	-32.7	-46.7	-21.4	-40.1	-30.3	-26.7
初次分配总收入	4763.4	7561.2	10198.7	13391.0	13255.1	15985.9	15898.8	16905.8	19324.3	23122.2

年份	2002	2003	2004	2005	2006	2007	2008	2009	2010	2011
营业盈余总额	29261.8	32782.6	43181.3	49902.0	60155.3	76099.5	92367.2	95227.0	110957.1	132377.2
财产净收入	-3567.7	-2705.6	-3130.0	-4875.6	-6738.9	-7749.6	-8281.4	-11057.4	-12988.8	-20164.7
利息	-1248.6	-1315.2	-1893.2	-2247.8	-3824.1	-3864.1	-4388.1	-3492.1	3760.5	818.8
红利	-2173.6	-1186.6	-979.5	-2077.1	-1372.5	-801.8	-868.9	-3929.3	-12036.7	-15433.5
地租	-104.8	-115.7	-164.7	-292.3	-560.5	-941.2	-1312.6	-1707.2	-2402.1	-3033.2
其他	-40.6	-88.0	-92.7	-258.4	-981.7	-2142.6	-1711.8	-1928.7	-2310.6	-2516.7
初次分配总收入	25694.2	30077.0	40051.2	45026.4	53416.4	68349.9	84085.8	84169.6	97968.3	112212.5

投资热、股票热、房地产热和开发区热持续升温,价格大幅度上升,企业经济效益不断改善,企业初次分配收入增长较快。企业营业盈余总额(包括固定资产折旧)由1992年的5907亿元迅速提高到1995年的17229亿元,年均增长42.9%,高于同期GNI增长率12.4个百分点。

二是企业相对税负有所降低。此阶段,虽然企业收入增长较快,但企业相对税负却有所下降。1995年,企业生产税净额占增加值的比重为11.1%,比1992年下降2.0个百分点。

(2)快速回落阶段(1996—1999年)

从1996年起,企业初次分配收入占国民总收入的比重开始快速回落,到1999年已回落到19.1%,比1995年降低3.3个百分点,平均每年回落0.83个百分点。出现这种变化的主要原因包括:

一是企业经济效益下滑。从1996年起,我国供求格局发生根本性变化,由卖方市场变为买方市场,加上1997年发生了亚洲金融危机,导致企业生产能力利用率降低,产品价格大幅度下降,企业经济效益滑坡,企业收入减少。企业营业盈余总额由1996年的13255亿元缓慢提高到1999的20991亿元,年均仅增长5.1%,低于同期GNI增长率5.2个百分点。

二是企业税负加重。此阶段,企业支付的生产税净额由1996年的6027亿元迅速上升到1999年的9287亿元,年均增长21.1%,该增长率高于同期GNI增长10.8个百分点。企业生产税净额占GNI的比重也由1996年的8.6%快速上升到1999年的10.58%。

(3)缓慢回升阶段(2000—2011年)

从2000年起,企业初次分配收入占GNI的比重又快速回升,到2011年已回升到23.9%,比1999年提高4.8个百分点,平均每年上升0.4个百分点。出现这种变化的主要原因包括:

一是企业经济效益提高。2000—2011年,随着以扩大内需为重点的一系列政策的贯彻落实,特别是自2001年年底加入世界贸易组织后,我国出口增长连续6年保持在20%以上,在投资和出口强劲带动下,我国经济增长率连续5年保持在两位数以上,使得这一时期企业经济效益不断改善,企业初次分配收入增长较快。企业营业盈余总额由2000年的22073亿元迅速提高到2011年的132377亿元,年均增长16.6%,高于同期GNI增长率1.7个百分点。

二是企业利息支出增长大幅度放缓促进了企业初次分配收入的快速提高。1999—2004年,为了扩大内需,中国人民银行数次下调存贷款利率,尽管2004年后央行又多次上调存贷款利率,但贷款利率水平仍低于20世纪90年代的平均水平,再加上企业获得资金渠道增多(主要是直接融资和自有资金),对银行贷款依赖程度下降,企业利息支出增长大大放缓,从某种程度上促进了企业初次分配收入的快速提高。2000—2011年,企业财产净支出年均增长14.2%,比企业初次分配总收入增长率低2.9个百分点。2011年,企业财产净支出占初次分配收入的比重为18%,比1999年回落了6.2个百分点,其中企业利息净支出占比为0.7%,比1999年回落了14.7个百分点。

3. 居民初次分配收入变化

居民初次分配收入主要由劳动者报酬、营业盈余总额①和财产净收入构成,其中劳动者报酬占80%左右(见表5)。宏观收入分配向居民倾斜是20世纪80年代收入分配领域的突出现象,但90年代以来收入分配向居民快速倾斜的现象发生了变化。1992—2011年,居民初次分配收入从17 795亿元上升到284 293亿元,年均增长15.7%,该增长率比同期GNI增长低0.5个百分点,导致居民初次分配收入占GNI的比重由66.4%下降至60.7%,年均下降0.3个百分点。1992—2011年居民收入比重变化可分为三个阶段,第一个为相对稳定阶段,第二个为快速回落阶段,第三个为稳定回升阶段。

表5　居民初次分配收入的构成　　　　　单位:%

年份	劳动者报酬	营业盈余总额	财产净收入
1992	82.1	11.2	6.7
1993	82.4	9.5	8.1
1994	79.2	12.0	8.8
1995	81.8	10.9	7.3
1996	79.8	12.5	7.7
1997	80.6	13.0	6.4
1998	79.9	13.7	6.4
1999	81.0	13.9	5.1

① 因目前我国居户部门包括农户和个体户,故住户部门也存在一定规模的营业盈余收入(包括折旧)。

（续表）

年份	劳动者报酬	营业盈余总额	财产净收入
2000	79.4	17.6	3.0
2001	80.7	16.6	2.7
2002	84.0	13.3	2.7
2003	82.9	14.5	2.6
2004	83.0	14.2	2.8
2005	82.8	14.3	2.9
2006	81.1	14.9	4.0
2007	80.6	14.9	4.5
2008	81.2	14.4	4.4
2009	80.8	15.4	3.8
2010	78.9	17.7	3.4
2011	78.2	18.1	3.7

（1）相对稳定阶段（1992—1999年）

从1992年到1999年，居民初次分配收入年均增长18.9%，比同期GNI增长快0.4个百分点。居民初次分配总收入增长除1993年、1995年、1997年和1999年（见表6）低于GNI增长之外，其他年份均保持高于GNI增长的格局。出现这种变化的主要原因包括：

表6　居民劳动者报酬、财产净收入、初次分配收入和GNI增长率　　单位:%

年份	劳动者报酬	财产净收入	初次分配收入	GNI
1993	24.5	50.8	24.2	30.9
1994	36.5	53.9	42.0	36.4
1995	27.8	7.4	23.7	24.3
1996	19.8	24.1	22.8	17.3
1997	10.3	-8.9	9.1	11.3
1998	6.8	6.9	7.8	6.4
1999	7.0	-15.3	6.4	6.6
2000	7.5	-35.9	9.7	10.8
2001	10.1	-1.5	8.3	10.3
2002	12.1	6.3	7.8	10.2

（续表）

年份	劳动者报酬	财产净收入	初次分配收入	GNI
2003	11.2	10.0	12.6	13.3
2004	12.8	20.8	12.7	18.1
2005	15.1	20.5	15.4	15.2
2006	14.2	60.1	16.5	17.6
2007	20.3	36.4	21.1	23.4
2008	17.7	13.9	16.7	18.6
2009	10.9	-3.3	11.4	7.7
2010	14.3	5.2	17.1	17.5
2011	16.5	27.2	17.5	17.2
平均	15.4	12.1	15.7	16.2

一是劳动者报酬基本上保持了与 GNI 同步增长的态势。1992 年以后,随着经济增长率由高点转向回落,占居民初次分配收入主要部分的劳动者报酬收入的增长经历了一个由上升转向回落的过程,而且大体上保持了与经济增长同步的变化。在此期间,居民劳动者报酬年均增长 18.6%,与同期 GNI 增长率基本同步;居民劳动者报酬占居民初次分配收入的比重为 80.6%。

二是居民财产净收入增长波动比较剧烈。从居民财产净收入的构成来看,储蓄存款利息收入占 98% 左右,红利收入占 1% 左右。由此可见,居民财产收入的增长,主要是来源于居民储蓄存款大量增加而获得的利息收入。居民利息收入增长的快慢,一方面受储蓄存款增长速度的影响,另一方面受存款利率变动的影响。1993—1999 年,居民财产净收入年均增长 14.3%,低于 GNI 增长 4.2 个百分点,占居民初次分配收入比重 5.2%—8.8%,平均为 6.8%。

（2）快速回落阶段(2000—2008 年)

此阶段,居民初次分配收入年均增长 13.4%,比同期 GNI 增长低 1.8 个百分点,由此造成居民初次分配总收入占 GNI 的比重从 1999 年的 67.8% 快速回落到 2008 年的 58.7%,年均回落 1.01 个百分点。出现这种变化的主要原因包括:

一是劳动者报酬增长持续慢于 GNI 增长。2000—2008 年,除了 2002 年劳动者报酬增速快于 GNI 外,其余 8 年劳动者报酬增速都慢于 GNI。

二是居民财产净收入增长慢于 GNI 增长。在此阶段,居民财产净收入年均增长 11.6%,低于同期 GNI 增长 3.6 个百分点。居民财产净收入增长较慢导致其占居民初次分配总收入的比重由1999年的5.1%下降至2008年的4.4%。居民财产净收入增长较慢的主要原因，一方面是居民投资渠道狭窄和不畅，银行储蓄存款仍然是居民的主要金融投资渠道，以股市和债券市场为主要形式的直接投资渠道不畅且投资风险较大，制约了居民投资的选择。另一方面是银行储蓄存款利息率不断下调。1996—2004年，中央银行八次下调存款利率，居民储蓄存款利息收入增长速度大大放慢。尽管2004年后央行又多次上调存款利率，使居民利息收入增长有所加快，但因上调幅度不大，居民利息收入增长有限。

（3）稳定回升阶段（2009—2011年）

在此阶段，居民初次分配收入年均增长15.3%，比同期GNI增长快1.3个百分点，由此导致居民初次分配收入占GNI的比重从2008年的58.7%快速回升到2011年的60.7%，年均回升0.67个百分点。出现这种变化的主要原因，一是受机关事业单位工资上调和企业效益好转等因素的影响，居民的劳动者报酬增长基本上与GNI增长保持同步，在此期间劳动者报酬年均增长13.9%，仅比同期GNI增长慢0.1个百分点；二是居民的营业盈余总额增长不仅快于劳动者报酬增长，而且也快于GNI增长。在此期间，居民的营业盈余总额年均增长24.3%，比劳动者报酬增长快10.4个百分点，比GNI增长快10.3个百分点。1992—2011年居民初次分配收入见表7。

虽然自1990年以来居民初次分配收入占GNI的比重总体上趋于下降，但若剔除价格因素，则该比重变化趋势与现价比重变化趋势有较大不同。剔除价格因素的方法是，用GDP缩减指数来缩减国民总收入，得到可比价国民总收入，用CPI指数缩减劳动者报酬和居民初次分配收入得到可比价劳动者报酬和居民初次分配收入。由表8可知，按可比价计算，1992—1997年劳动者报酬占GNI比重和居民初次分配收入占GNI比重双双呈下降态势，但从1998年开始劳动者报酬占GNI比重呈回升态势，特别是在2009—2011年上升更为明显；居民初次分配收入占GNI比重也是从1998年开始呈回升态势，除在2001年、2002年和2004年三年略有回落外，在其他年份均是回升的。这与现价比重变化趋势有所不同。2011年，按可比价格计算，劳动者报酬占GNI比重为58.7%，比1997年上升了5.6个百分点；居民初次分配收入占GNI比重为75.0%，比1997年上升了9.1个百分点。

表 7 1992—2011 年居民初次分配收入

单位：亿元

年份	1992	1993	1994	1995	1996	1997	1998	1999	2000	2001
劳动者报酬	14 696.7	18 294.3	24 975.8	31 919.4	38 235.9	42 166.6	45 050.4	48 583.6	52 242.9	57 529.8
营业盈余总额	2 002.8	2 122.8	3 798.9	4 123.4	5 994.0	6 766.6	7 749.0	8 369.4	11 619.3	11 799.6
财产净收入	1 191.7	1 797.4	2 766.0	2 970.6	3 685.9	3 358.4	3 589.2	3 039.5	1 948.8	1 919.3
利息	1 180.5	1 777.5	2 727.4	2 921.3	3 601.5	3 256.2	3 497.2	2 883.5	1 774.0	1 656.5
红利	2.4	7.6	24.7	30.8	36.0	54.3	59.2	98.6	126.8	219.4
地租	-0.3	-0.4	-1.0	-1.3	-1.6	-2.1	-2.7	-3.1	-3.4	-3.7
其他	9.0	12.7	15.0	19.9	49.9	50.0	35.5	60.4	51.4	47.2
初次分配总收入	17 891.1	22 214.5	31 540.8	39 013.4	47 915.8	52 291.5	56 388.7	59 992.4	65 811.0	71 248.7

年份	2002	2003	2004	2005	2006	2007	2008	2009	2010	2011
劳动者报酬	64 501.5	71 735.7	80 950.7	93 148.0	106 369.0	127 918.9	150 511.7	166 957.9	190 869.5	222 423.8
营业盈余总额	10 258.9	12 531.8	13 827.7	16 102.0	19 514.3	23 748.1	26 753.8	31 722.1	42 724.2	51 335.4
财产净收入	2 041.2	2 245.0	2 711.2	3 267.1	5 231.6	7 138.3	8 130.0	7 864.0	8 270.9	10 523.7
利息	1 668.9	1 954.5	2 220.9	2 579.1	4 156.9	4 590.7	6 160.9	5 599.3	5 586.8	7 626.3
红利	340.6	249.3	402.6	440.7	474.2	812.4	731.5	792.7	1 065.3	1 110.8
地租	-5.7	-10.4	-10.4	-13.7	-19.4	-24.4	-24.4	-26.6	-26.6	-42.3
其他	37.4	51.5	98.1	261.0	619.9	1 759.7	1 261.9	1 498.6	1 645.4	1 828.9
初次分配总收入	76 801.6	86 512.5	97 489.7	112 517.1	131 114.9	158 805.3	185 395.4	206 544.0	241 864.5	284 282.9

表8 1992—2011年可比价劳动者报酬和可比价居民初次分配收入
占可比价GNI比重(按2000年价格计算)

年份	劳动者报酬（亿元）	居民初次分配收入（亿元）	GNI（亿元）	劳动者报酬占GNI比重(%)	居民初次分配收入占GNI比重(%)
1992	26 782.8	32 604.2	45 896.0	58.4	71.0
1993	29 066.2	35 294.7	52 169.0	55.7	67.7
1994	31 975.7	40 380.6	59 007.4	54.2	68.4
1995	34 897.8	42 653.8	64 514.7	54.1	66.1
1996	38 599.9	48 372.0	71 090.5	54.3	68.0
1997	41 408.6	51 351.6	77 934.4	53.1	65.9
1998	44 597.4	55 821.7	83 633.4	53.3	66.7
1999	48 777.9	60 232.4	90 277.7	54.0	66.7
2000	52 242.9	65 811.0	98 000.5	53.3	67.2
2001	57 129.9	70 753.4	105 894.7	53.9	66.8
2002	64 569.7	76 882.8	116 003.5	55.7	66.3
2003	70 960.1	85 577.0	128 155.9	55.4	66.8
2004	77 069.7	92 815.7	141 587.3	54.4	65.6
2005	87 114.1	105 228.5	156 893.1	55.5	67.1
2006	98 008.6	120 809.5	177 715.0	55.1	68.0
2007	112 466.3	139 621.6	203 736.8	55.2	68.5
2008	124 957.4	153 918.5	224 261.9	55.7	68.6
2009	139 588.5	172 685.2	242 971.4	57.5	71.1
2010	154 482.3	195 755.7	267 640.4	57.7	73.1
2011	170 798.0	218 299.3	290 993.1	58.7	75.0

(二) 政府、企业和居民三者收入再分配

收入再分配是在收入初次分配的基础上,通过经常转移的形式对收入进行分配。经常转移的主要形式有收入税、社会保险付款、社会补助和其他经常转移。一个国家的初次分配总收入经过经常转移,最终形成了它的可支配总收入,即国民可支配总收入。

相对于收入初次分配,我国收入再分配内部关系的演变更趋复杂。具体而言,国民可支配总收入在政府、企业和居民三者之间的演变经历了以下四个阶段,如表9所示。

表 9　国民可支配总收入结构　　　　　　单位:%

年份	政府	企业	居民
1978	35.9	12.9	51.2
1988	21.3	8.3	70.4
1990	21.9	9.1	69.0
1992	17.8	13.1	69.1
1993	17.1	17.6	65.3
1994	14.5	18.0	67.5
1995	14.1	18.8	67.1
1996	14.6	15.3	70.1
1997	14.3	16.3	69.4
1998	14.2	16.1	69.7
1999	14.2	17.5	68.3
2000	14.5	17.9	67.6
2001	15.0	18.9	66.1
2002	16.2	19.4	64.4
2003	16.1	19.9	64.0
2004	16.4	22.5	61.1
2005	17.6	21.6	60.8
2006	18.2	21.5	60.3
2007	19.0	22.1	58.9
2008	19.0	22.7	58.3
2009	18.3	21.2	60.5
2010	18.4	21.2	60.4
2011	19.2	20.0	60.8

第一阶段:改革初期至1990年。此阶段,经常转移力度很小,再分配结果与初次分配结果基本一致。这一阶段的主要特点是政府可支配总收入占国民可支配总收入的比重大幅下降,企业可支配收入所占比重小幅下降,居民可支配收入所占比重持续上升。

第二阶段:1990年至1995年。此阶段,政府再分配能力有所加强,与初次分配结果相比,再分配结果有些变化。这一阶段的主要特点是政府可支配总收入比重继续下降,但下降幅度明显减小,而企业可支配收入比重稳步上升,宏观收入分配过快向居民倾斜的状况得到一定矫正。1990年,政府、企业和居民三者间的收入分配关系为 21.9:9.1:69,到 1995 年三者间的收入分配关系变为 14.1:18.8:67.1。其中,居民可支配收入所占比重比 1990 年下降了 1.9 个百分点,政府可支配收入比重下降了 7.8 个百分点,企业可支配收入比重则上升了 9.7 个百分点。这一阶段国家加大了有关收入分配调节力度,抑制了居民收入增长过快的趋势。

第三阶段:1996 年至 2008 年。此阶段,宏观收入分配向企业和政府倾斜,居民收入比重大幅下降。随着国有企业改革的深化和非国有企业的迅猛发展,企业盈利能力明显增强,企业经济效益显著改善,企业可支配收入比重进一步上升,从 1996 年的低点 15.3% 逐年攀升到 2008 年的 22.7%。政府可支配收入比重由降转升,从 1996 年的 14.6% 上升到 2008 年的 19.0%。政府可支配收入比重上升,与这一时期财税体制改革、提高部分税种税率水平以及加大税收征管力度有直接关系。相应地,这一时期的居民可支配收入比重由 1996 年的 70.1% 快速下降至 2008 年的 58.3%,下降了 11.8 个百分点,平均每年下滑 0.98 个百分点。

第四阶段:2009 年至今。此阶段,三者收入分配关系发生了新的变化,突出表现为政府可支配收入比重基本保持稳定,企业可支配收入比重有所下降,居民可支配收入比重有所上升。2011 年,政府可支配收入比重为 19.2%,比 2008 年上升 0.2 个百分点;企业可支配收入比重为 20%,比 2008 年下降 2.7 个百分点;居民可支配收入比重为 60.8%,比 2008 年上升 2.5 个百分点,平均每年上升 0.83 个百分点(见表 10)。

与收入初次分配相比,1978 年以来,政府在收入再分配中总体上处于净得益地位,具体表现为政府初次分配收入占 GNI 的比重小于政府可支配收入占国民可支配总收入的比重;企业在再分配过程中一直处于净损失地位;居民在 2001 年以前处于净得益地位,并在 1997 年达到顶点,此后净得益逐渐缩小,2002—2010 年居民已由再分配中的净得益方变为净损失方,但 2011 年居民已由再分配中的净损失方变为净得益方。收入再分配过程存在着向政府倾斜的现象,这主要是由于 1994 年开始推行的税改和 1998 年开始全面推进养老、医疗和教育体制等多项改革的综合结果。

表10 可支配总收入与初次分配总收入结构之差 单位:%

年份	政府	企业	居民
1978	0.10	-0.30	0.20
1988	0.00	-0.20	0.20
1990	0.10	-0.20	0.10
1992	1.92	-4.57	2.65
1993	1.57	-3.87	2.29
1994	1.26	-3.25	1.99
1995	1.74	-3.56	1.82
1996	1.79	-3.60	1.81
1997	1.77	-4.14	2.36
1998	1.31	-3.05	1.74
1999	1.07	-1.57	0.50
2000	1.40	-1.78	0.38
2001	2.33	-2.47	0.14
2002	2.29	-2.23	-0.06
2003	2.46	-2.34	-0.12
2004	2.69	-2.61	-0.09
2005	3.35	-2.92	-0.43
2006	3.68	-3.20	-0.48
2007	4.27	-3.56	-0.72
2008	4.25	-3.86	-0.38
2009	3.70	-3.54	-0.16
2010	3.42	-3.32	-0.10
2011	3.81	-3.92	0.11

1. 政府可支配收入变化

政府可支配收入是由政府初次分配收入与经常转移净收入两部分构成的。由于政府部门的经常转移是收大于支,因此政府经过再分配增加了收入。1992—2011年,政府初次分配收入占可支配收入比重平均为81.3%,经常转移净收入占可支配收入比重平均为18.7%(见表11)。政府的经常转移净收入的主要来源是所得税和社会保险付款,其中所得税的60%以上来自企业,其余部分来自居民。1992—2011年,政府可支配收入年均增长16.7%,比同期国民可支配总收入增长快0.5个百分点,其占国民可支配总收入的比重由1992年的

表 11 1992—2011 年政府可支配收入

单位:亿元

年份	1992	1993	1994	1995	1996	1997	1998	1999	2000	2001
初次分配总收入	4 282.7	5 484.2	6 369.2	7 406.0	8 971.7	9 783.4	10 736.9	11 581.0	12 865.2	13 697.3
经常转移净收入	529.3	566.6	621.6	1 060.3	1 284.2	1 445.9	1 136.8	1 005.4	1 448.9	2 626.9
收入税	710.8	686.4	621.9	911.6	1 129.0	1 295.3	1 339.8	1 542.0	2 118.9	3 363.0
社会保险付款	377.4	526.0	741.8	1 005.7	1 250.8	1 453.9	1 601.6	2 042.1	2 321.5	2 741.3
社会保险福利	-2 748.0	-3 471.5	-4 016.4	-4 627.4	-5 400.8	-6 477.4	-7 887.9	-9 925.1	-2 385.6	-2 748.0
社会补助	-320.1	-274.9	-242.3	-239.1	-290.1	-305.2	-474.1	-782.5	-949.5	-1 124.8
其他	88.3	111.3	180.2	259.2	276.9	341.2	306.5	312.0	343.5	395.4
可支配总收入	4 812.1	6 050.8	6 990.8	8 466.2	10 255.8	11 229.3	11 873.6	12 586.4	14 314.1	16 324.2
年份	2002	2003	2004	2005	2006	2007	2008	2009	2010	2011
初次分配总收入	16 600.0	18 387.5	21 912.7	26 073.9	31 373.0	39 266.9	46 549.1	49 606.3	59 926.7	72 066.9
经常转移净收入	2 906.0	3 559.3	4 604.9	6 499.8	8 351.9	11 925.2	13 994.9	12 997.0	14 189.5	18 136.3
收入税	3 542.9	4 195.9	5 408.8	6 949.3	8 814.9	11 964.8	14 897.9	15 486.2	17 680.8	22 823.8
社会保险付款	3 483.6	4 324.9	5 167.7	6 307.1	7 682.8	9 593.4	12 135.3	14 420.9	17 339.6	21 801.2
社会保险福利	-3 471.5	-4 016.4	-4 627.4	-5 400.8	-6 477.4	-7 887.9	-9 925.1	-12 302.6	-16 207.2	-20 363.9
社会补助	-1 123.6	-1 472.5	-1 966.3	-2 179.4	-2 735.8	-3 269.4	-5 061.7	-6 136.6	-6 011.7	-7 444.2
其他	474.6	527.5	622.1	823.5	1 067.4	1 524.3	1 948.5	1 529.1	1 388.1	1 319.4
可支配总收入	19 505.9	21 946.8	26 517.6	32 573.7	39 724.9	51 192.1	60 544.1	62 603.3	74 116.3	90 203.2

17.82%上升到2011年的19.19%(见表12)。1992—2011年,与政府初次分配收入比重相似,政府可支配收入比重的变化也可以分为两个阶段,即波动回落阶段和缓慢上升阶段。

表12 政府初次分配收入、政府经常转移净收入和
政府可支配总收入占国民可支配总收入的比重　　　　单位:%

年份	初次分配收入	经常转移净收入	可支配收入
1992	15.86	1.96	17.82
1993	15.52	1.60	17.13
1994	13.21	1.29	14.50
1995	12.36	1.77	14.13
1996	12.76	1.83	14.58
1997	12.46	1.84	14.31
1998	12.88	1.36	14.24
1999	13.03	1.13	14.16
2000	13.06	1.47	14.53
2001	12.59	2.42	15.01
2002	13.81	2.42	16.23
2003	13.48	2.61	16.09
2004	13.58	2.85	16.43
2005	14.05	3.50	17.55
2006	14.38	3.83	18.21
2007	14.58	4.43	19.01
2008	14.59	4.39	18.98
2009	14.48	3.79	18.28
2010	14.89	3.53	18.41
2011	15.33	3.86	19.19

(1) 波动回落阶段(1992—1995年)

此阶段,政府可支配收入年均增长20.7%,低于同期国民可支配总收入增长9.7个百分点。其中,政府初次分配收入和政府经常转移净收入分别增长20.0%和26.1%,两者占国民可支配总收入的比重分别由1992年的15.86%和1.96%下降到1995年的12.36%和1.77%(见表12)。显然,政府可支配收入比重的下降是政府初次分配收入比重和政府经常转移净收入比重双下降的结

果,而后者又主要是1994年后企业所得税税率的调整,尤其是国有企业所得税税率由以前的55%下调到33%所致。

(2) 缓慢上升阶段(1996—2011年)

此阶段,政府可支配收入年均增长15.9%,高于同期国民可支配总收入增长2.2个百分点。其中,政府初次分配收入和政府经常转移净收入分别增长15.3%和19.4%,两者占国民可支配总收入的比重分别由1995年的12.36%和1.77%上升到2011年的15.33%和3.86%(见表12)。可见,政府可支配收入比重的上升是政府初次分配收入比重和政府经常转移净收入比重双回升的结果,而政府经常转移净收入比重的回升主要得益于企业所得税和个人所得税的快速增长。在此时期,政府收入税年均增长22.3%,其中来自企业和个人的所得税年均分别增长21.1%和27.1%。企业所得税的快速增长主要源于企业经营效益的不断提高;个人所得税的快速增长主要得益于居民收入水平的提高和税务部门加强个人所得税的征管。

2. 企业可支配收入变化

企业可支配收入由企业初次分配收入与企业经常转移净收入两项构成。由于企业部门的经常转移是支大于收,因此企业部门经过再分配减少了收入。从1992年到2011年,企业可支配收入年均增长18.8%,比同期国民可支配总收入增长快2.6个百分点,其占国民可支配总收入的比重由1992年的13.11%上升到2011年的20.03%。其中,企业初次分配收入和企业经常转移净支出分别增长18.1%和15.2%,前者占国民可支配总收入的比重分别由1992年的17.64%上升到2011年的23.87%,后者占国民可支配总收入的比重则由1992年的4.53%下降到2011年的3.84%(见表13和表14)。

3. 居民可支配收入变化

同政府部门一样,居民部门的经常转移收入通常大于经常转移支出,因此多数情况下居民也是收入再分配的受益者。统计数据显示,居民在再分配环节增加的收入占其可支配总收入比重通常不足5%。居民再分配收入的主要来源是社会保险福利收入、社会补助收入和其他收入(保险索赔、来自国外的汇款等)。1992—2011年,居民可支配收入年均增长15.4%,比同期国民可支配总收入增长慢0.8个百分点。其中,居民初次分配收入和居民经常转移净收入年均分别增长15.7%和3.6%,两者占国民可支配总收入的比重分别由1992

改革开放以来我国宏观收入分配分析 **147**

表 13　1992—2011 年企业可支配收入

单位：亿元

年份	1992	1993	1994	1995	1996	1997	1998	1999	2000	2001
初次分配总收入	4 763.4	7 561.2	10 198.7	13 391.1	13 255.1	15 985.9	15 898.8	16 905.8	19 324.3	23 122.2
经常转移净收入	-1 223.7	-1 352.1	-1 541.4	-2 108.6	-2 499.1	-3 158.4	-2 477.4	-1 314.8	-1 654.1	-2 540.6
收入税	-670.3	-635.9	-549.1	-780.3	-936.1	-1 035.4	-1 001.6	-1 128.4	-1 459.2	-2 367.7
社会保险付款	-55.6	-67.4	-87.0	-130.9	-79.3	-87.3	-23.5	-27.0	-31.1	-35.8
其他	-497.8	-648.8	-905.3	-1 197.4	-1 483.7	-2 035.7	-1 452.3	-159.4	-163.7	-137.1
可支配总收入	3 539.7	6 209.1	8 657.3	11 282.4	10 756.1	12 827.5	13 421.4	15 591.0	17 670.3	20 581.6

年份	2002	2003	2004	2005	2006	2007	2008	2009	2010	2011
初次分配总收入	25 694.2	30 077.0	40 051.2	45 026.4	53 416.4	68 349.9	84 085.8	84 169.6	97 968.3	112 212.5
经常转移净收入	-2 453.0	-2 871.0	-3 728.9	-4 937.9	-6 425.9	-8 857.4	-11 528.6	-11 592.8	-12 692.6	-18 042.9
收入税	-2 331.1	-2 777.8	-3 671.8	-4 854.4	-6 361.1	-8 779.3	-11 175.6	-11 536.8	-12 843.5	-16 769.6
社会保险付款	-41.1	-47.3	-54.4	-62.6	-71.9	-95.1	-95.1	-109.4	-125.8	-144.7
其他	-80.8	-45.9	-2.8	-21.0	7.2	17.0	-257.9	53.5	276.8	-1 128.6
可支配总收入	23 241.2	27 206.0	36 322.3	40 088.5	46 990.5	59 492.5	72 557.1	72 576.8	85 275.7	94 169.6

表14 企业初次分配收入、企业经常转移净收入和
企业可支配收入占国民可支配总收入的比重   单位:%

年份	初次分配收入	经常转移净收入	可支配收入
1992	17.64	-4.53	13.11
1993	21.40	-3.83	17.58
1994	21.15	-3.20	17.95
1995	22.34	-3.52	18.83
1996	18.85	-5.55	15.30
1997	20.37	-4.02	16.34
1998	19.07	-2.97	16.10
1999	19.02	-1.48	17.54
2000	19.61	-1.68	17.94
2001	21.26	-2.34	18.92
2002	21.38	-2.04	19.34
2003	22.05	-2.10	19.94
2004	24.82	-2.31	22.51
2005	24.26	-2.66	21.60
2006	24.49	-2.95	21.54
2007	25.39	-3.29	22.10
2008	26.36	-3.61	22.74
2009	24.58	-3.38	21.19
2010	24.34	-3.15	21.19
2011	23.87	-3.84	20.03

年的66.26%和2.81%下降到2011年的60.47%和0.32%(见表15和表16)。1992—2011年,与居民初次分配总收入比重相似,居民可支配总收入的比重变化也可以分为三个阶段,即相对稳定阶段、快速回落阶段和平稳回升阶段。

1. 相对稳定阶段(1992—1999年)

此阶段,居民可支配收入年均增长18.4%,比同期国民可支配总收入增长低0.2个百分点,其占国民可支配总收入的比重由1992年的69.07%微降到1999年的68.30%。其中,居民初次分配收入和居民经常转移净收入年均分别增长18.9%和-0.1%,前者占国民可支配总收入的比重从1992年的66.26%上升到1999年的67.49%,后者占国民可支配总收入比重从1992年的2.81%下降到1999年的0.81%(见表16)。

表 15　1992—2011 年居民可支配收入

单位:亿元

年份	1992	1993	1994	1995	1996	1997	1998	1999	2000	2001
初次分配总收入	17 891.1	22 214.5	31 540.8	39 013.4	47 915.8	52 291.5	56 388.7	59 992.4	65 811.0	71 248.7
经常转移净收入	758.1	853.1	1 035.0	1 168.1	1 391.9	2 138.8	1 694.9	718.6	727.7	616.6
收入税	-40.5	-50.5	-72.9	-131.3	-192.9	-259.8	-338.2	-413.7	-659.6	-995.3
社会保险付款	-377.4	-526.0	-741.8	-1 005.7	-1 250.8	-1 453.9	-1 601.6	-2 042.1	-2 321.5	-2 741.3
社会保险福利	327.1	482.2	680.0	877.1	1 082.4	1 339.2	1 636.9	2 108.1	2 385.6	2 748.0
社会补助	375.7	342.3	329.3	370.0	369.4	392.5	497.7	809.6	980.6	1 160.6
其他	473.2	605.1	840.4	1 058.0	1 383.8	2 120.8	1 500.1	256.7	342.7	444 6
可支配总收入	18 649.2	23 067.6	32 575.8	40 181.5	49 307.7	54 430.4	58 083.6	60 711.1	66 538.7	71 865 3
年份	2002	2003	2004	2005	2006	2007	2008	2009	2010	2011
初次分配总收入	76 801.6	86 512.5	97 489.7	112 517.1	131 114.9	158 805.3	185 395.4	206 544.0	241 864.5	284 282.9
经常转移净收入	621.8	756.0	1 019.2	393.1	311.5	-246.6	530.9	758.3	1 257.2	1 489.6
收入税	-1 211.8	-1 418.0	-1 737.1	-2 094.9	-2 453.7	-3 185.6	-3 722.3	-3 949.3	-4 837.3	-6 054.1
社会保险付款	-3 483.6	-4 324.9	-5 167.7	-6 307.1	-7 682.8	-9 593.4	-12 135.3	-14 420.9	-17 339.6	-21 801.2
社会保险福利	3 471.5	4 016.4	4 627.4	5 400.8	6 477.4	7 887.9	9 925.1	12 302.6	16 207.2	20 363.9
社会补助	1 164.8	1 519.9	2 020.7	2 241.9	2 807.8	3 364.6	5 156.9	6 246.0	6 137.5	7 588.8
其他	680.9	962.7	1 275.9	1 152.4	1 162.6	1 279.9	1 306.5	579.9	1 089.3	1 392.2
可支配总收入	77 423.3	87 268.4	98 508.9	112 910.2	131 426.4	158 558.6	185 926.3	207 302.4	243 121.7	285 772.6

表16 居民初次分配收入、居民经常转移净收入和
居民可支配收入占国民可支配总收入的比重　　　　　单位:%

年份	初次分配收入	经常转移净收入	可支配收入
1992	66.26	2.81	69.07
1993	62.88	2.41	65.30
1994	65.40	2.15	67.55
1995	65.10	1.95	67.05
1996	68.14	1.98	70.12
1997	66.62	2.73	69.35
1998	67.63	2.03	69.66
1999	67.49	0.81	68.30
2000	66.80	0.74	67.54
2001	65.50	0.57	66.07
2002	63.91	0.52	64.43
2003	63.42	0.55	63.97
2004	60.42	0.63	61.05
2005	60.63	0.21	60.84
2006	60.11	0.14	60.25
2007	58.98	-0.09	58.89
2008	58.11	0.17	58.28
2009	60.31	0.22	60.53
2010	60.09	0.31	60.40
2011	60.47	0.32	60.78

2. 快速回落阶段(2000—2008年)

此阶段,居民可支配收入年均增长13.2%,比同期国民可支配总收入增长低2.1个百分点,其占国民可支配总收入的比重由1999年的68.30%快速下降到2008年的58.28%。其中,居民初次分配收入和居民经常转移净收入年均分别增长13.4%和-3.3%,两者占国民可支配总收入的比重分别由1999年的67.49%和0.81%快速下降到2008年的58.11%和0.17%(见表16)。可见,居民可支配收入比重的下降,一方面是因为居民初次分配收入比重下降,另一方面是因为居民经常转移净收入比重快速下降。居民经常转移净收入出现负增长,主要是因为随着居民收入水平的快速提高,居民缴纳的个人所得税和社会保险付款大幅增长,并超过社会保险福利、社会补助和其他收入的增幅。在此

期间,居民上缴的收入税和社会保险年均增长23.2%,比居民同期获得的社会保险福利、社会补助和其他收入快2.8个百分点。

3. 平稳回升阶段(2009—2011年)

此阶段,居民可支配收入年均增长15.4%,比同期国民可支配总收入高1.6个百分点,其占国民可支配总收入的比重由2008年的58.3%回升到2011年的60.8%。其中,居民初次分配收入和居民经常转移净收入年均分别增长15.3%和41%,两者占国民可支配总收入的比重分别由2008年的58.11%和0.17%回升到2011年的60.47%和0.32%(见表16)。可见,居民可支配收入比重的回升,一方面是因为居民初次分配收入比重反弹,另一方面是因为居民经常转移净收入比重快速上升。居民经常转移净收入快速增长,主要是得益于政府加大对民生投入力度,居民得到的社会保险福利、社会补助和其他经常转移收入增长较快,并超过居民缴纳的个人所得税和社会保险费的增幅。在此期间,居民获得的社会保险福利、社会补助和其他经常转移收入年均增长21.4%,比居民同期缴纳的收入税和社会保险费增长快0.7个百分点。

同样,若剔除价格因素,即用GDP缩减指数来缩减国民可支配总收入得到可比价国民可支配总收入,用CPI指数缩减居民可支配总收入得到可比价居民可支配总收入,则可比价居民可支配收入占可比价国民可支配总收入比重也发生了一些变化。由表17可知,按可比价计算,1992—2004年居民可支配收入占国民可支配总收入比重呈逐步下降趋势,但从2005年开始止跌回升,特别是在2009—2011年上升更为明显,这与现价比重变化趋势有所不同。2011年,按可比价格计算,居民可支配收入占国民可支配总收入比重为75.2%,比2004年上升了9.7个百分点。

表17 1992—2011年可比价居民可支配收入占
可比价国民可支配收入比重(按2000年价格计算)

年份	居民可支配收入（亿元）	国民可支配收入（亿元）	居民可支配收入占比(%)
1992	33 985.7	46 004.5	73.9
1993	36 650.1	52 268.9	70.1
1994	41 705.7	59 148.7	70.5
1995	43 930.9	64 643.9	68.0

（续表）

年份	居民可支配收入（亿元）	国民可支配收入（亿元）	居民可支配收入占比（%）
1996	49 777.1	71 269.9	69.8
1997	53 451.9	78 360.1	68.2
1998	57 499.5	83 990.2	68.5
1999	60 953.9	90 695.3	67.2
2000	66 538.7	98 523.0	67.5
2001	71 365.8	106 583.4	67.0
2002	77 505.2	117 050.3	66.2
2003	86 324.8	129 527.2	66.6
2004	93 786.1	143 270.2	65.5
2005	105 596.1	158 563.5	66.6
2006	121 096.5	179 556.7	67.4
2007	139 404.8	205 894.2	67.7
2008	154 359.2	226 388.7	68.2
2009	173 319.2	244 515.4	70.9
2010	196 773.2	269 484.3	73.0
2011	219 443.2	291 976.2	75.2

（三）我国宏观收入分配的国际比较

宏观收入分配的国际比较可以从多个方面进行，这里选择两个重要方面进行比较。

1. 政府收入来源的比较

一般来讲，政府收入主要有两大来源，一是生产税，二是所得税（收入税）。生产税属于初次分配，是与生产成果直接联系在一起的，体现的是效率原则。近年来，我国生产税净额占政府可支配总收入的比重已经接近或超过了70%。为便于国际比较，我们选择了另外一个相关指标：生产税净额占GDP比重。该指标说明一定时期（比如1年）内政府从生产成果中组织税收的能力。从我国的情况看，该比重在波动中上升，1992年为8.8%，2011年上升到13.2%，平均为12.4%。经过比较发现，12.4%的生产税比重高于国外的平均水平。不同国家的生产税净额占GDP比重差别不大。如果剔除低水平的美国（8.5%）和高水平的乌克兰(24.4%),其他国家均在10%—16%。总的来看,多数发达国家的生产税比重低于发展中国家,这主要是由于发达国家更注重征收所得税。

与生产税相比,我国政府组织收入税的能力明显偏弱。1992—2011年,我国收入税占GDP的比重平均为3.8%,明显低于其他国家的平均水平。

2. 人均GDP超过1 000美元后收入分配格局的比较

2003年我国人均GDP超过1 000美元。经济学理论与实践表明,当一国人均GDP处于1 000—3 000美元阶段,随着消费结构的逐步升级和社会结构的全面深化,国民经济的高速增长和社会进步将面临难得的机遇,是一个国家的黄金发展阶段。20世纪中期,日本成功地在黄金发展阶段实现了经济的快速增长和跨越。日本在这一阶段的国民经济分配格局对我国有较强的借鉴意义。

日本人均GDP由1966年的1 071美元,经过7年的增长,1973年达到3 348美元。这是日本的黄金发展阶段。在这个发展阶段,日本的企业可支配收入在国民可支配总收入中所占份额较小,平均为7.5%;政府部门可支配收入在国民可支配总收入中所占份额也不多,约占16%左右,变化趋势是略有上升;居民与非营利机构可支配收入在国民可支配总收入中占有主体地位,所占比重在75%以上,政府、企业和居民三者之间的比例关系大致为1.5:1:7.5(见表18)。

表18　1965—1973年日本国民可支配总收入结构　　　　单位:%

年份	政府	企业	居民及非营利机构
1965	15.6	3.6	80.8
1966	15.0	5.8	79.2
1967	15.2	8.7	76.1
1968	15.2	8.7	76.1
1969	15.4	9.7	74.9
1970	16.2	10.7	73.1
1971	17.1	7.1	75.8
1972	16.4	7.3	76.3
1973	17.2	5.8	77.0

2003年,我国政府可支配收入占国民可支配总收入比重为16.1%,比1966年日本的政府可支配收入占比高1个百分点;我国企业可支配收入占比为19.9%,比1966年日本的企业可支配收入占比高14.1个百分点;我国居民可支配收入占比为64%,比1966年日本的居民(包括为住户服务的非营利机构)

可支配收入占比低15.2个百分点。与历史上处于相同发展阶段的日本相比,我国企业和政府在国民收入分配中占比偏高,而居民占比偏低。

二、当前我国宏观收入分配格局存在的主要问题

随着收入分配体制改革的不断深化,我国目前形成的政府、企业和居民三者收入分配格局基本上是合理的,总体上有利于经济发展、社会进步和效率提高。具体表现在:

第一,提高了劳动生产率,促进了经济的发展。随着收入分配体制改革的深化,以按劳分配为主体、多种分配方式并存的收入分配体制正逐步形成,居民收入渠道增多,收入水平迅速提高。随着居民收入水平的不断提高,居民消费支出随之扩大,消费需求更加多样化,消费结构不断升级,对生产的拉动作用越来越大,同时也促进了劳动生产率不断提高。

第二,促进了企业自我发展,进而促进了经济增长。改革开放以来,随着企业改革的不断深化和现代企业制度的建立,企业生产经营自主权不断扩大,活力不断增强,效益不断提高。随着企业自有资金积累的增多,企业将更多的自有资金投入到技术改造和扩大再生产中,以获取更多的利润,从而形成了一种良性的扩大再生产的机制。企业不断扩大再生产是保持我国经济持续快速健康发展的主要动力。

第三,增强了政府调控能力。在建立和完善社会主义市场经济体制的过程中,保持政府所得在国民可支配总收入中的适当份额,是克服市场失灵和加强宏观调控的内在要求。1994年分税制改革以来,政府收入特别是中央政府收入水平不断提高。政府收入规模的扩大,大大增强了中央政府通过转移支付平衡地区财力以及调节不同群体之间收入分配差距的能力,同时也使政府有能力集中资金进行重大项目的开发与建设以及应对突发性重大自然灾害。

从国际经验看,在由低收入向中等收入国家迈进的过程中,国民收入的分配格局一般表现为居民和企业所得比重有所上升,政府所得比重有所下降。我国目前的人均GDP刚超过5 000美元,属于上中等收入国家,因此与改革开放初期相比,总体上企业和居民收入比重上升、政府收入比重下降符合国际上收入分配的一般规律。收入分配在改革开放初期到1995年向企业和居民个人倾

斜,是针对我国长期以来居民和企业收入过低,人民生活水平得不到有效提高,企业无力进行更新改造和自我发展而采取的措施,有补还"欠账"的因素,有利于解放和发展生产力,有利于增加消费和改善投资与消费的比例关系。1996—2008年国民收入分配明显向政府和企业倾斜,居民可支配收入占比持续下滑。从2009年开始,宏观收入分配格局出现了积极变化,突出表现为居民可支配收入占比止跌回升。

现有的收入分配格局对我国的经济和社会发展起到了相当大的推动作用,但仍存在不少问题,主要表现为:

(1) 2000—2008年,我国居民可支配收入占国民可支配总收入的比重呈逐年下降趋势,这对扩大居民消费需求产生负面影响。在此期间,我国居民可支配收入占国民可支配总收入比重逐年下降的主要原因:一是劳动者报酬增长持续慢于经济增长,其占 GDP 比重不断下降;二是居民财产净收入增长缓慢,其占 GNI 比重持续下滑;三是居民经常转移净收入增长大大放缓,居民已由再分配中的净得益方变为净损失方。

(2) 2000—2008年,收入初次分配和再分配过程中存在明显向政府倾斜的趋势。一方面,各级地方政府千方百计通过各种途径,招商引资,扩大生产规模为地方创造更多税收,由此使得政府获得的生产税净额增长大大快于经济增长,政府初次分配总收入占 GNI 的比重不断上升。另一方面,在收入再分配过程中政府继续扩大收入比例。近年来,政府在经常转移净收入中获得的收入税和社会保险缴款等转移收入增长远快于社会补助等转移支出,导致政府经常转移净收入占国民可支配总收入比重持续上升。出现这种现象的直接原因是:我国财税体制不完善(主要以生产税特别是增值税为主);经济增长方式粗放(主要通过消耗大量资源和污染环境获取经济快速增长);地方政府政绩考核机制存在的弊端(主要是鼓励地方政府过度投资)。政府收入过快增长带来的负面影响包括:一方面,政府财政收入的快速增长在一定程度上挤压了居民收入增长的空间;另一方面,政府转移支付和社会保障支出的不足,又导致居民消费倾向下降。

(3) 政府再分配调节力度不够,社会保障欠账较多。由于我国缺乏健全的居民收入监控体系,个人收入来源复杂且不透明,偷漏税现象普遍,政府对居民收入再分配调节力度不够。2011年,居民经常转移净收入为1 489.6亿元,只占居民可支配收入的0.5%；各级政府用于补助低收入居民的转移支出总额占居民可支配收入的3%左右。由于政府转移支付规模小，对农村居民、城镇失业人员和低收入阶层缺乏有效的保障。目前，虽然我国已初步建立覆盖城乡居民的社会保障体系，但社会保障水平明显偏低。这就迫使居民仍要考虑医疗、养老、教育等诸多方面的支出，从而强化了居民的储蓄动机，压抑了居民当期消费增长。

收入分配中存在的这些问题，对经济和社会发展正在产生越来越明显的不利影响：一是城乡低收入群体扩大，制约了城乡市场开拓和消费需求扩大，影响了国民经济的良性循环；二是由垄断和不公平竞争带来收入差距的扩大，使得人民群众的生产劳动积极性、创造性受到挫折，不利于效率的提高；三是群众对分配不公和腐败现象的不满情绪增加，影响社会稳定。

三、改善我国宏观收入分配关系的政策建议

宏观收入分配涉及经济和社会的诸多方面，解决目前三者分配存在的突出问题，需要采取综合对策。

（一）加大对收入初次分配的调节力度，逐步提高居民初次分配收入占国民总收入比重

劳动者报酬占居民可支配收入80%左右，因此在收入初次分配阶段，出台有针对性的政策措施，促进劳动者报酬增长对于提高居民可支配收入在国民可支配总收入中的比重具有关键的意义。为此，一是要扩大就业渠道，提高就业水平；进一步完善促进就业的各项政策，加快发展就业容量大的服务业和中小微企业，提升劳动者的技能与综合素质，提高城乡居民特别是低收入家庭的就业水平。二是完善以最低工资和"三条指导线"为主的工资调控体系。将劳动者报酬增长纳入国民经济和社会发展规划，通过规划和政策规定，进一步发挥工资指导线、劳动力市场工资指导价和行业人工成本信息的调节作用。综合考虑物价水平、经济增长、社会平均工资、最低生活保障等因素，逐步提高最低工资标准。三是统一规范劳动力市场，改革户籍制度，清除养老保险转移的障碍，促进劳动力合理有序流动。四是以非公有制企业、劳动密集型企业和中小企业

为重点,大力推进行业性、区域性工资集体协商。五是规范劳务派遣用工管理,逐步实现劳务派遣工与正式职工同工同酬。六是深化机关事业单位工资改革,逐步提高机关事业单位工资水平;进一步规范公务员津贴补贴,统一同一地区同一级政府不同部门的津贴补贴项目、标准,实现同城同待遇;建立符合不同类型事业单位特点、体现岗位绩效和分级分类管理的事业单位收入分配制度,逐步实施绩效工资。七是促进证券市场平稳健康发展,扩大居民投资渠道,不断提高居民财产收入水平。完善促使流通股股东长期稳定投资的现金分红制度,强化细化上市公司现金分红的信息披露制度,逐步形成真正鼓励长期投资的环境,切实维护投资者特别是中小投资者的合法利益,不断提高居民财产收入水平。

(二) 加大对收入再分配的调节力度,努力提高居民可支配收入占国民可支配收入比重

在收入再分配环节,加快构建以税收、转移支付、社会保障为主要手段的再分配调节机制,加大对收入再分配的调节力度,弥补市场缺陷,促进社会公平,努力提高居民可支配收入占国民可支配收入比重。为此,一是要改革和完善税制,建立调节存量财富的税收机制,健全房地产税、车船税等财产税制度,研究开征遗产赠与税,规范政府非税收入,清理整顿各项行政事业性收费和政府性基金。二是要进一步调整优化财政支出结构,继续加大财政资金用于促进就业、社会保障、教育、公共医疗卫生、保障性住房等民生领域的投入力度,严格控制财政供养人员增长,严格控制"三公"经费支出和行政机关、国有企业事业单位楼堂馆所的建设支出,不断增加对居民的转移支付水平,特别是要重点增加对农民、城镇困难群体、贫困地区贫困人口的直接补贴。三是要健全社会保险制度;适度提高社会保障待遇水平,继续上调企业退休人员基本养老金,制定城乡居民社会养老保险基础养老金正常调整机制;加强新农保和城镇居民社会养老保险制度的规范管理,适时出台城乡养老保险制度衔接制度;推进机关事业单位养老制度改革;加快完善以城镇职工基本医疗保险、城镇居民基本医疗保险、新型农村合作医疗为主体的基本医疗保障体系,在提高筹资水平和统筹层次基础上,最终实现医疗保障制度框架的基本统一。四是加强社会救助和社会福利体系建设;健全城乡居民最低生活保障标准动态调整,逐步提高低保标准和补助水平;加大对城乡困难群体的专项救助力度,健全临时救助机制;以扶老、助残、救孤、济困为重点,逐步拓宽社会福利的保障范围。五是大力发展慈善事业,积极培育慈善组织,支持社会力量兴办慈善机构,增强全社会慈善意识。

(三) 实现政府职能转型,努力弥补社会保障资金缺口

长期以来,我国社会发展滞后于经济发展。政府将财政资金过多地运用于投资国有企业形成国有资产,以及过多地投资于基础领域和竞争性行业,而在就业、社会保障、义务教育、医疗卫生等公共事业方面的投入不足。事实上,我国的财政收入总量规模并不小,只要能形成公共服务型财政,低收入者的许多经济负担问题可以缓解。目前,我国正处在经济社会全面转型的关键时期,政府迫切需要改变重经济发展、轻社会发展的现象,改变职能的越位、缺位和错位,更加注重履行社会管理和公共服务职能。具体到收入分配领域,就是要加大政府对收入分配的调节力度,树立公平和效率并重的理念;要为全体公民提供社会保障、义务教育、医疗卫生等最基本的公共产品和公共服务;要大幅度削减行政审批,减少行政干预中的随意性,使各种生产要素在市场竞争中优胜劣汰;要加强收入分配宏观调节,在经济发展的基础上,更加注重社会公平,防止两极分化;既要保护发达地区、优势产业和先富群体的发展活力,又要高度重视和关心欠发达地区、比较困难的行业和群众;既要通过深化改革,完善市场体制,提高资源配置和利用效率,又要通过宏观调控,在再分配中维护社会公平。

完善社会保障体系的资金保障机制,努力弥补社会保障资金缺口:一是财政支出要适当向社会保障倾斜;二是依法划转部分国有资产充实社会保障基金;三是进一步扩大社会保险覆盖面,提高征缴率;四是必要时开征社会保障税;五是发行社会保障国债。

(四) 合理控制物价上涨水平,确保居民可支配收入占国民可支配收入比重上升

虽然人口增长和城镇化进程对于提高居民收入占比有一定推动作用,但价格因素在一定条件下对"两个比重"的影响很大。即使"十二五"时期城乡居民人均收入实际增长与经济增长保持同步,若 GDP 缩减指数与 CPI 指数之比高

于上年,则居民收入占国民可支配总收入的比重不但不能稳步上升,而且将趋于下降。在物价处于上升时期,居民消费价格指数上涨率常常明显低于 GDP 缩减指数上涨率,GDP 缩减指数与 CPI 指数之比也将常常趋于上升。因此要想切实提高"两个比重"就必须采取得力措施合理控制物价上涨水平。

参 考 文 献

1. 施发启,2013:《2011 年全国居民收入分配总体状况》,载于张东生主编的《中国居民收入分配年度报告(2012)》,北京:经济科学出版社。

2. 施发启,2013:《宏观收入分配分析与统计解读》,载于许宪春主编的《统计分析与统计解读(2012—2013)》,北京:北京大学出版社。

3. 施发启,2014:《宏观收入分配分析与统计解读》,载于许宪春主编的《统计分析与统计解读(2013—2014)》,北京:北京大学出版社。

4. 施发启,2013:《当前我国宏观收入分配格局分析》,载于宋晓梧等主编的《不平等挑战中国收入分配的思考与讨论》,北京:社会科学文献出版社。

改革开放以来我国居民收入差距分析

施发启

改革开放以来,随着国民经济的持续快速发展,我国城乡居民收入水平有了显著提高,人民生活总体上达到了小康水平,社会各个阶层都不同程度地得到了改革开放带来的实惠。但是,在居民收入水平大幅度提高的同时,城乡之间、地区之间、行业之间的收入差距仍比较明显。目前居民收入差距过大已成为我国经济社会发展的突出矛盾之一,必须予以高度重视和妥善解决。

一、居民收入的变化情况

1979—2013年,城镇居民家庭人均可支配收入年均增长13.3%,扣除价格变动,实际增长7.4%;农村居民家庭人均纯收入年均增长12.7%,扣除价格变动,实际增长7.6%。可以说,这是新中国成立以来我国城乡居民收入增长最快、得到实惠最多的时期。35年来,城乡居民收入变化呈现如下主要特点。

1. 工资性收入两次成为农村居民家庭收入第一来源

在改革开放初期的1978—1982年,工资性收入为农村居民家庭纯收入的主要来源,占一半以上。但从1983年家庭承包责任制开始全面推开之后,家庭经营纯收入迅速取代工资性收入成为农村居民家庭纯收入的主要来源。1990年,家庭经营纯收入占农村居民家庭纯收入比重达到历史的最高点(75.6%),与此同时,工资性收入占比达到历史的最低点(20.2%),之后随着越来越多的农民工进城务工,工资性收入占比逐步回升,而家庭经营纯收入占比则稳步下降。2013年,在农村居民家庭纯收入构成中,工资性收入比重为45.3%,比

1983 年提高 26.7 个百分点,再次成为农村居民家庭收入第一来源;农村居民家庭经营纯收入比重为 42.6%,比 1983 年下降 30.9 个百分点;转移性收入和财产性收入比重为 12.1%,比 1983 年提高 4.2 个百分点。35 年来,在农村居民家庭纯收入增加的 8 762.3 元中,工资性收入的贡献率为 44.9%,家庭经营纯收入的贡献率为 42.9%,转移性收入的贡献率为 8.8%,财产性收入的贡献率为 3.4%。

2. 城镇居民收入结构呈"三升一降"态势

2013 年,在城镇居民总收入构成中,工资性收入比重为 64.1%,稳居第一位,与 1990 年比较,比重下降 11.7 个百分点;转移性收入比重为 23.7%,比 1990 年提高 2 个百分点;家庭经营净收入比重为 9.5%,比 1990 年提高 8 个百分点;财产性收入比重为 2.7%,比 1990 年提高 1.7 个百分点。23 年来,在城镇居民人均总收入增加的 28 030.9 元中,工资性收入的贡献率为 63.4%,转移性收入的贡献率为 23.9%,家庭经营净收入的贡献率为 9.9%,财产性收入的贡献率为 2.8%。

3. 居民收入增长呈"东快西慢"态势

2013 年东部、中部、西部和东北地区农村居民人均纯收入分别为 12 052 元、8 377 元、6 834 元和 9 909 元,与 1985 年比较,年均分别增长了 14.2%、13.8%、14.1% 和 13.3%;东部、中部、西部和东北地区城镇居民人均可支配收入分别为 32 472 元、22 736 元、22 710 元和 22 875 元,与 1985 年比较,年均分别增长了 12.3%、11.7%、11.6% 和 11.9%。28 年间,城镇和农村居民人均收入增长都呈现出"东快西慢"态势。

二、居民收入差距变化情况

尽管改革开放以来我国居民收入增长较快,但应该看到,城乡之间、地区之间、行业之间、城镇内部、农村内部居民收入差距仍然比较大。

(一)居民总体收入差距

基尼系数是国际上通用的衡量收入分配不平等程度的主要指标。使用不同的收入概念、抽样方法、测算方法和数据处理手段,得到的基尼系数很不一致。比如,西南财经大学中国家庭金融调查与研究中心利用入户调查数据撰写报告称,我国 2010 年收入基尼系数为 0.61。美国密歇根大学谢宇教授所带领的研究团队利用中国家庭跟踪调查项目数据编写的《中国民生发展报告(2013)》称,2012 年中国居民家庭收入基尼系数为 0.49。但是,谢宇和周翔在美国刊物上发表文章却称,2012 年中国居民家庭收入基尼系数为 0.532(用购买力平价调整为 0.526)。世界银行用购买力平价调整后的分组收入数据测算,2007 年中国居民收入基尼系数为 0.425。上述结果中,有些在收入概念、抽样方法和测算方法上存在明显缺陷,导致高收入户和低收入户比重偏大,结果失真;有些使用同一套数据,却得出不同的结果和观点。因此,对这些结论需要慎重看待。

基尼系数的测算应基于收入口径规范统一、调查内容全面详细、调查对象覆盖完整的居民收入基础数据。国家统计局每年都对十几万住户开展收支调查,但在 2012 年前未正式发布全国居民收入基尼系数,主要原因是城乡居民收入口径不完全可比、城镇调查样本中高收入群体比重偏低和农民工在外消费的收入调查不完整。如果对上述问题不加处理,会造成直接计算的收入基尼系数偏低。2012 年,国家统计局进行城乡住户调查一体化改革,建立了城乡统一的收入指标体系,抽选了城乡统一的调查样本。结合摸底调查得到的基本信息、农民工专项调查数据以及个人所得税收资料等,国家统计局对历年城乡居民收入分户调查数据进行口径调整,对农民工收入不完整和城镇高收入户比重过低的问题进行了校准,在此基础上测算全国居民可支配收入基尼系数,基本能够客观反映我国居民收入分配状况(见表 1)。

表 1 全国居民收入基尼系数

年份	1988	1990	1995	1996	1997	1998	1999
基尼系数	0.341	0.343	0.389	0.375	0.379	0.386	0.397
年份	2000	2001	2002	2003	2004	2005	2006
基尼系数	0.417	0.44	0.435	0.479	0.473	0.485	0.487
年份	2007	2008	2009	2010	2011	2012	2013
基尼系数	0.484	0.491	0.490	0.481	0.477	0.474	0.473

注:2002 年前基尼系数来自国家统计局发布的课题报告,未进行口径调整,也没有对城镇高收入户比重过低的问题进行校准,因此其与 2002 年以后数据不完全可比。

由表 1 可知,改革开放以来,在居民收入大幅度提高的同时,我国基尼系数呈先升后降的变化趋势。1988 年全国基尼系数为 0.341,2000 年为 0.417,首次突破国际公认的警戒线,2008年达到最高位0.491,2009年基本持平,之后连续下降,2013年进一步下降到0.473。

我国居民收入基尼系数的高企,是客观历史原因、政策因素和体制改革滞后共同作用的结果。从历史原因看,我国既是传统的农业国,又是大国,城乡差距和地区差距古已有之。1949年新中国成立以后,工业虽然得到很大发展,但没有从根本上改变长期存在的城乡"二元结构"状态,地区之间业已存在的经济发展差距也没有明显缩小,因此,城乡差距和地区差距不可避免。从政策因素看,1959年建立的户籍制度把中国公民分成两个相对独立的集团,劳动要素在城乡之间的流动性很差,改革开放以来虽然有所改善,但对农村居民进城务工的不公正政策仍然存在,人为抑制了农村居民收入的增长,再加上实行城市优先的经济社会政策,导致城乡居民收入差距在原有基础上进一步扩大。改革开放以来实施的东部沿海地区优先开放开发的政策也在一定程度上加大了地区之间居民收入的差距。从体制改革情况看,一方面,在行业内部或者一个单位内部,平均主义仍是收入分配的主流,行业外部则普遍存在主要是靠对资源的占有权形成垄断来获得相对于其他部门的畸高收入,使一组居民群体以不是通过按劳分配的手段取得比其他居民高得多的收入,人为拉大了居民之间的收入差距;另一方面,对在新旧体制转轨中由于法制不健全、政策不完善出现的"寻租"现象缺乏有效的调控手段,一些人通过不合法、不合理手段获得较高收入。同时,对在经济结构调整中出现的部分劳动者阶段性收入递减现象又缺乏相应的社会保障,导致"富者愈富,穷者愈穷"的不正常发展。

可喜的是,近四年我国基尼系数呈逐年下降态势,这与同期的城乡居民收入差距、地区收入差距逐步缩小趋势基本吻合,与农民工规模扩大、工资上升,以及粮食产量增加、价格上涨等带来农村居民收入快速增长的趋势一致,也是国家出台多项惠民政策、完善社会保障体系、不断扩大中低收入群体收入水平、努力调整收入分配格局效果的直接体现。

(二) 城乡居民收入总量之间的差距

根据城乡居民人均收入和相应的年均人口数,可以测算出城乡居民收入总量。从表2中的数据可以看出,除1985年、1990年、1995年和1996年外,城镇居民收入总量在居民收入总量中的比重是持续上升的,并于1993年首次超过农村居民收入占比,而除上述年份外,农村居民收入总量在居民收入总量中的比重则是持续下降的。2013年城镇居民收入占比为77.5%,比1978年上升了

表2 城乡居民收入总量

年份	总量(亿元)	城镇(亿元)	农村(亿元)	构成(%)	
				城镇	农村
1978	1 633	582	1 051	35.7	64.3
1980	2 416	899	1 517	37.2	62.8
1985	5 018	1 815	3 203	36.2	63.8
1989	8 982	4 003	4 978	44.6	55.4
1990	10 251	4 510	5 741	44.0	56.0
1991	11 199	5 220	5 979	46.6	53.4
1992	13 071	6 422	6 649	49.1	50.9
1993	16 271	8 421	7 849	51.8	48.2
1994	22 213	11 772	10 441	53.0	47.0
1995	28 389	14 850	13 539	52.3	47.7
1996	31 992	15 521	16 471	48.5	51.5
1997	37 492	19 803	17 689	52.8	47.2
1998	40 075	21 987	18 088	54.9	45.1
1999	43 240	24 984	18 256	57.8	42.2
2000	46 502	28 151	18 351	60.5	39.5
2001	51 208	32 230	18 979	62.9	37.1
2002	57 383	37 850	19 533	66.0	34.0
2003	63 791	43 457	20 334	68.1	31.9
2004	72 643	50 245	22 398	69.2	30.8
2005	82 423	57 971	24 452	70.3	29.7
2006	93 814	67 323	26 491	71.8	28.2
2007	111 918	81 971	29 947	73.2	26.8
2008	130 856	97 080	33 775	74.2	25.8
2009	144 888	108 986	35 902	75.2	24.8
2010	165 899	125 635	40 264	75.7	24.3
2011	194 687	148 369	46 318	76.2	23.8
2012	223 683	172 273	51 410	77.0	23.0
2013	251 042	194 471	56 571	77.5	22.5

41.8个百分点;农村居民收入比例为22.5%,比1978年降低了41.8个百分点。究其原因,一是城镇居民收入增长在多数年份都快于农村居民收入增长,二是随着城镇化进程加快,城镇人口比重稳步上升而农村居民人口比重稳步下降。

(三)城乡居民人均收入差距

改革开放以来,我国城乡居民人均收入之间的差距经历了由有所缩小到逐渐扩大再到高位缓慢缩小的一个变化过程。城乡居民的人均收入差距在20世纪80年代前期曾经有所缩小;但自1985年以后,总体上在波动中呈现逐步扩大的趋势(见表3);2009年,城乡居民收入比已由1985年的1.86:1扩大到历史最高位3.33:1;从2010年开始又逐步缩小;2013年,我国城镇居民家庭人均可支配收入为26 955元,而同期全国农村居民家庭人均纯收入为8 896元,前者为后者的3.03倍,比2009年缩小了0.3倍。

表3 城乡居民人均收入差距

年份	人均收入(元)		城乡收入相对差现价(元)	城乡收入绝对差现价(元)
	城镇	农村		
1978	343	134	2.57	210
1980	478	191	2.50	286
1985	739	398	1.86	342
1989	1 374	602	2.28	772
1990	1 510	686	2.20	824
1991	1 701	709	2.40	992
1992	2 027	784	2.58	1 243
1993	2 577	922	2.80	1 656
1994	3 496	1 221	2.86	2 275
1995	4 283	1578	2.71	2705
1996	4 839	1 926	2.51	2 913
1997	5 160	2 090	2.47	3 070
1998	5 425	2 162	2.51	3 263
1999	5 854	2 210	2.65	3 644
2000	6 280	2 253	2.79	4027
2001	6 860	2 366	2.90	4 493
2002	7 703	2 476	3.11	5 227

（续表）

年份	人均收入(元)		城乡收入相对差现价(元)	城乡收入绝对差现价(元)
	城镇	农村		
2003	8 472	2 622	3.23	5 850
2004	9 422	2 936	3.21	6 485
2005	10 493	3 255	3.22	7 238
2006	11 760	3 587	3.28	8 173
2007	13 786	4 140	3.33	9 645
2008	15 781	4 761	3.31	11 020
2009	17 175	5 153	3.33	12 022
2010	19 109	5 919	3.23	13 190
2011	21 810	6 977	3.13	14 833
2012	24 565	7 917	3.10	16 648
2013	26 955	8 896	3.03	18 059

城乡居民收入差距的变化，具有明显的政策成因。1978—1985年间二者差距的缩小，得益于联产承包制带来的农业产品的大幅度增长和国家多次调整农副产品的收购价格，收入差距的缩小也就成为必然。1985—2009年，由于农村改革进展渐缓和城市改革的全面展开，加上随之而来的城市收入分配制度的变化，城镇居民收入的迅速增长和农村居民收入增长的艰难形成鲜明对比，使城镇居民再次拉开了与农村居民之间的收入差距。2010年以后，随着政府出台的一系列惠农政策（如多次上调粮食保护价、加大种粮补贴力度、建立农村养老制度等）力度的加大和最低工资的多次上调等，城乡收入差距再度有所缩小。

（四）城镇居民内部收入差距

城镇居民家庭收入差距呈现先扩大再缩小的变化趋势。1990—2008年，城镇居民之间的收入差距呈逐步扩大的趋势，收入增速随收入水平呈阶梯式增长，即收入越高的组收入增长越快，呈现典型的"富者愈富，穷者愈穷"特征。1990—2013年，20%低收入户人均可支配收入年均增长11.3%，而20%高收入户人均可支配收入年均增长15.9%，导致2013年高收入户与低收入户的收入比高达4.93（见表4），比1990年扩大了2.98倍。分阶段看，2001—2008年，20%低收入户人均可支配收入年均增长10.7%，而20%高收入户人均可支配收入年均增长 17.5%,导致 2008 年高收入户与低收入户的收入比高达 5.71 (见表 4),创历史新高,比 1990 年扩大了 3.76 倍。2009 年以后,随着我国收入分配制度改革的深化,低收入户收入增长持续快于高收入户,高收入户与低收入户收入之间的差距在逐步缩小。2009—2013 年,20% 低收入户人均可支配收入年均增长 13.5%,比 20% 高收入户人均可支配收入年均增长快 3.3 个百分点,导致 2013 年高收入户与低收入户的收入比降至 4.93,比 2008 年缩小了 0.78 倍。

表 4 按五等份分组的城镇居民家庭人均可支配收入

年份	全国平均（元）	低收入户（元）	中低收入户（元）	中等收入户（元）	中高收入户（元）	高收入户（元）	最高与最低的绝对差距（元）	最高与最低的相对差距（倍）
1990	1 387	974	1 150	1 359	1 607	1 899	925	1.95
1995	4 283	2 775	3 360	4 069	4 955	6 032	3 257	2.17
2000	6 280	3 132	4 624	5 898	7 487	11 299	8 167	3.61
2001	6 860	3 320	4 947	6 366	8 164	12 663	9 343	3.81
2002	7 703	3 032	4 932	6 657	8 870	15 460	12 428	5.10
2003	8 472	3 295	5 377	7 279	9 763	17 472	14 177	5.30
2004	9 422	3 642	6 024	8 167	11 051	20 102	16 460	5.52
2005	10 493	4 017	6 711	9 190	12 603	22 902	18 885	5.70
2006	11 760	4 567	7 554	10 270	14 049	25 411	20 844	5.56
2007	13 786	5 364	8 901	12 042	16 386	29 479	24 115	5.50
2008	15 781	6 075	10 196	13 984	19 254	34 668	28 593	5.71
2009	17 175	6 725	11 244	15 400	21 018	37 434	30 709	5.57
2010	19 109	7 605	12 702	17 224	23 189	41 158	33 553	5.41
2011	21 810	8 789	14 498	19 545	26 420	47 021	38 232	5.35
2012	24 565	10 354	16 761	22 419	29 814	51 456	41 103	4.97
2013	26 955	11 434	18 483	24 518	32 415	56 390	44 956	4.93

（五）农村居民内部收入差距

农村居民家庭收入差距在波动中呈现不断扩大的趋势。虽然农村居民内部收入的绝对差距没有城镇居民那么大,但就相对差距而言,却大大超过城镇居民。根据按五等份分组的农村居民家庭人均纯收入数据,高收入户与低收入户的收入差距呈逐渐扩大的趋势。从 1990 年到 2013 年,20% 高收入户人均纯收入与20%低收入户人均纯收入的绝对差距由1 083元上升到了18 690元,而相对差距由4.65倍扩大到8.24倍(见表5)。

表5 按五等份分组的农村居民家庭人均纯收入

年份	全国平均（元）	低收入户（元）	中低收入户（元）	中等收入户（元）	中高收入户（元）	高收入户（元）	最高与最低的绝对差距（元）	最高与最低的相对差距（倍）
1990	686	297	464	609	806	1 380	1 083	4.65
1995	1 578	592	1 004	1 364	1 880	3 423	2 831	5.78
2000	2 253	802	1 440	2 004	2 767	5 190	4 388	6.47
2001	2 366	818	1 491	2 081	2 891	5 534	4 716	6.77
2002	2 476	857	1 548	2 164	3 031	5 903	5 046	6.89
2003	2 622	866	1 607	2 273	3 207	6 347	5 481	7.33
2004	2 936	1 007	1 842	2 579	3 608	6 931	5 924	6.88
2005	3 255	1 067	2 018	2 851	4 003	7 747	6 680	7.26
2006	3 587	1 182	2 222	3 149	4 447	8 475	7 293	7.17
2007	4 140	1 347	2 582	3 659	5 130	9 791	8 444	7.27
2008	4 761	1 500	2 955	4 203	5 929	11 290	9 790	7.53
2009	5 153	1 549	3 110	4 502	6 468	12 319	10 770	7.95
2010	5 919	1 870	3 621	5 222	7 441	14 050	12 180	7.51
2011	6 977	2 001	4 256	6 208	8 894	16 783	14 783	8.39
2012	7 917	2 316	4 808	7 041	10 142	19 009	16 693	8.21
2013	8 896	2 583	5 516	7 942	11 373	21 273	18 690	8.24

（六）不同地区居民收入之间的差距

改革开放以来,在我国东部、中部、西部和东北地区经济都得到迅速发展的同时,四大地区之间的收入差距经历了先快速扩大后缓慢缩小的过程。

1. 城镇居民收入的地区差距

东、西部地区城镇居民收入差距先扩大后缩小。在改革开放初期的1985年,东部、中部、西部、东北城镇居民人均可支配收入之比为1.40∶1.07∶1∶1.20（以西部地区为1）；随着城市改革的不断推进,四大地区城镇居民收入差距迅速扩大,并于2006年达到最高点（东部、中部、西部、东北城镇居民人均可支配收入之比为1.54∶1.02∶1∶1.01）；从2007年开始四大地区城镇居民收入差距又缓慢缩小。2013年东部、中部、西部、东北地区城镇居民人均可支配收入之比为

1.43∶1∶1∶1.01(以西部为1)。东部地区城镇居民收入水平一枝独秀,高于其他地区43%左右,中部、西部和东北地区间居民收入水平十分接近。与2006年的1.54∶1.02∶1∶1.01比较,东部与西部地区城镇居民收入比值缩小0.11倍(见表6)。

表6 四大地区城镇居民人均可支配收入比较

年份	东部地区 (元/人)	中部地区 (元/人)	西部地区 (元/人)	东北地区 (元/人)	东中西东北比较 (西部为1)
1985	796.8	610.9	570.8	685.8	1.40∶1.07∶1∶1.20
1990	1 777.4	1 342.9	1 401.1	1 349.0	1.27∶1.96∶1∶0.96
1995	5 472.2	3 786.3	3 799.1	3 459.9	1.44∶1.00∶1∶0.91
2000	8 232.0	5 324.9	5 642.3	5 071.9	1.46∶0.94∶1∶0.92
2005	13 374.9	8 808.5	8 783.2	8 730.0	1.52∶1.00∶1∶0.99
2006	14 967.4	9 902.3	9 728.5	9 830.1	1.54∶1.02∶1∶1.01
2007	16 974.2	11 634.4	11 309.5	11 463.3	1.50∶1.03∶1∶1.01
2008	19 203.5	13 225.9	12 971.2	13 119.7	1.48∶1.02∶1∶1.01
2009	20 953.2	14 367.1	14 213.5	14 324.3	1.47∶1.01∶1∶1.01
2010	23 272.8	15 962.0	15 806.5	15 941.0	1.47∶1.01∶1∶1.01
2011	26 406.0	18 323.2	18 159.4	18 301.3	1.45∶1.01∶1∶1.01
2012	29 621.6	20 697.2	20 600.2	20 759.3	1.44∶1.00∶1∶1.01
2013	32 472.0	22 736.0	22 710.0	22 875.0	1.43∶1.00∶1∶1.01

注:1. 1985年、1990年、1995年数据分别用分省城镇居民人均可支配收入和综合司提供的1986年、1990年、1995年分地区年末非农业人口数据推算。

2. 2000年数据是用分省数据和人口推算的,年鉴中没有1999和2001年的分省城镇人口数,所以这两年数据也用2000年人口推算。

3. 2002—2006年数据用分户资料计算得出,分户资料计算的西部数据与年鉴中(按省简单平均)的数据存在差异。

2. 农村居民收入的地区差距

东、西部地区间农村居民收入差距先扩大后缩小。在改革开放初期的1980年,东部、中部、西部、东北地区农村居民人均纯收入之比为1.26∶1.00∶1∶1.35(以西部地区为1);随着改革开放的不断深入,四大地区农村居民收入差距迅速扩大,并于2006年达到最高点(东部、中部、西部、东北农村居民人均纯收入之比为2.00∶1.27∶1∶1.45);从2007年开始四大地区农村居民收入差距又缓慢缩小。

2013年东部、中部、西部、东北农村居民人均纯收入之比为1.76∶1.23∶1∶1.45,呈现较明显的由东向西阶梯式下落的特点。与2006年的2.00∶1.27∶1∶1.45比较,东、西部地区间农村居民收入差距缩小了0.24倍(见表7)。

表7 四大地区农村居民人均纯收入比较

年份	东部地区（元/人）	中部地区（元/人）	西部地区（元/人）	东北地区（元/人）	东中西东北比较（西部为1）
1980	217.9	172.1	172.7	233.7	1.26∶1.00∶1∶1.35
1985	470.7	374.2	316.2	423.6	1.49∶1.18∶1∶1.34
1990	876.2	607.1	552.7	796.1	1.59∶1.10∶1∶1.44
1995	2 243.9	1 368.0	1 116.8	1 718.0	2.01∶1.22∶1∶1.54
2000	3 271.3	2 077.6	1 661.0	2 177.0	1.97∶1.25∶1∶1.31
2005	4 720.3	2 956.6	2 378.9	3 379.0	1.98∶1.24∶1∶1.42
2006	5 188.2	3 283.2	2 588.4	3 744.9	2.00∶1.27∶1∶1.45
2007	5 855.0	3 844.4	3 028.4	4 348.3	1.93∶1.27∶1∶1.44
2008	6 598.2	4 453.4	3 517.7	5 101.2	1.88∶1.27∶1∶1.45
2009	7 155.5	4 792.8	3 816.5	5 456.6	1.87∶1.26∶1∶1.43
2010	8 142.8	5 509.6	4 417.9	6 434.5	1.84∶1.25∶1∶1.46
2011	9 585.0	6 529.9	5 246.7	7 790.6	1.83∶1.24∶1∶1.48
2012	10 817.5	7 435.2	6 026.6	8 846.5	1.79∶1.23∶1∶1.47
2013	12 052.0	8 377.0	6 834.0	9 909.0	1.76∶1.23∶1∶1.45

3. 东部、中部、西部和东北部地区职工平均工资差距

与四大地区城镇和农村居民人均收入差距变化趋势相似,我国不同地区之间的职工平均工资的差距,自改革开放以来,也经历了差距从不断扩大到缓慢缩小的过程。改革开放初期的1978年,中部、西部和东北地区的职工平均工资甚至要高于东部地区,其与东部地区的比例分别为102.2%、117.1%和114.8%。然而到了1999年,该比例变为64.1%、74.2%和70.0%,比1978年分别下降了38.1、42.9和44.8个百分点。从2000年开始四大地区职工平均工资差距在波动中缓慢缩小。2012年中部、西部和东北地区占东部地区的比重分别为74.3%、81.3%和72.8%,比1999年分别提高10.2、7.1和2.8个百分点(见表8)。

表 8 东、中、西部地区职工平均工资差距表

年份	职工平均工资(元)				中部、西部和东北地区职工平均工资占东部地区职工平均工资的比例(%)				东部、西部地区职工平均工资绝对差额(元)
	东部	中部	西部	东北	东部	中部	西部	东北	
1978	592	605	694	680	100	102.2	117.1	114.8	-101
1980	734	732	828	788	100	99.8	112.9	107.4	-95
1985	1 121	1 032	1 257	1 095	100	92.1	112.1	97.7	-136
1989	1 949	1 697	1 949	1 819	100	87.0	100.0	93.3	0
1990	2 294	1 886	2 233	1 973	100	82.2	97.3	86.0	62
1991	2 526	2 032	2 373	2 162	100	80.5	94.0	85.6	152
1992	2 988	2 312	2 653	2 439	100	77.4	88.8	81.6	335
1993	3 718	2 749	3 123	2 889	100	74.0	84.0	77.7	595
1994	4 913	3 515	4 274	3 770	100	71.5	87.0	76.7	638
1995	6 104	4 395	4 980	4 484	100	72.0	81.6	73.5	1 124
1996	7 118	4 974	5 823	5 068	100	69.9	81.8	71.2	1 295
1997	8 000	5 284	6 214	5 381	100	66.0	77.7	67.3	1 786
1998	9 296	6 088	7 019	6 650	100	65.5	75.5	71.5	2 277
1999	10 540	6 755	7 819	7 382	100	64.1	74.2	70.0	2 721
2000	11 910	7 413	8 864	8 190	100	62.2	74.4	68.8	3 047
2001	13 823	8 487	10 679	9 275	100	61.4	77.3	67.1	3 143
2002	15 574	9 698	12 307	10 525	100	62.3	79.0	67.6	3 267
2003	17 679	10 952	13 691	11 709	100	61.9	77.4	66.2	3 988
2004	20 085	12 577	15 516	13 303	100	62.6	77.3	66.2	4 569
2005	22 750	14 737	17 077	15 399	100	64.8	75.1	67.7	5 673
2006	25 880	16 976	19 712	17 571	100	65.6	76.2	67.9	6 168
2007	30 305	20 536	24 294	21 034	100	67.8	80.2	69.4	6 011
2008	35 229	24 019	28 005	24 754	100	68.2	79.5	70.3	7 224
2009	38 799	27 170	31 273	27 956	100	70.0	80.6	72.1	7 526
2010	44 260	31 169	35 366	31 353	100	70.4	79.9	70.8	8 893
2011	49 509	36 150	39 948	35 471	100	73.0	80.7	71.6	9 561
2012	55 071	40 906	44 747	40 064	100	74.3	81.3	72.8	10 324

我国地区间居民收入差距是由历史、社会和经济发展等多方面因素共同决定的。从历史上看,随着经济中心向东部转移,东部、中部、西部经济差距日益明显,大量中、西部人才迁移,造成当地人才供给严重不足,影响了中、西部经济发展。从地理环境看,我国东部地区大多水量充足,气候宜人,土壤肥沃,物产

丰富，且处于沿海地区，与国外贸易联系较为便利，地区发展的潜在经济机会较多；相比之下，中、西部地区大多为内陆地区和不发达地区，土地贫瘠，生态环境恶劣，与国外贸易联系不便利，经济发展的先天条件较差。从行为方式看，历史和自然因素导致了中西部地区对外交流少，观念落后。人的观念主导着人们的行为方式，虽然它不是经济发展的直接原因，但却是一个根本性的因素。这种自然地理上的局限造成区域思想文化上的差异，导致中国区域经济发展上的不平衡，加上全国各地区教育资源的落差，也成为区域经济均衡发展的主要瓶颈，在一定程度上影响了区域经济发展的不平衡。经济发展的差异性，直接造成了地区间的居民收入水平的差异。

地区间的居民收入差距在很大程度上也是由体制性因素和政策性因素造成的。在西部大开发实施之前，包括政府投资在内的投资资金流入一些较为发达的地区，加上外资的涌入，导致了发达地区与落后地区在经济增长上的差异。然而，在地区经济发展不平衡的过程中，中央政府和地方政府之间的财政分配体制，由于受到地方利益格局的制约，并没有发挥有效的再分配职能，从而导致地区之间可支配收入差距有所扩大。再加上地方政府的地方保护主义政策，生产要素的自由流动的障碍，特别是劳动力择业的自由选择受到不同程度的限制。这些因素都在不同程度上阻碍了市场机制对地区之间收入差别的调节作用，使得地区之间经济发展水平的差异和居民收入水平的差距不仅没用出现缩小的迹象，反而变得越来越大。从这个意义上来说，地区之间收入差距扩大的最主要原因还是制度性因素。

（七）行业之间的收入差距

通过对1978年以来各行业平均工资的比较，我们可以发现，我国不同行业收入分配差距经历了从缩小到扩大再到缩小的过程。

按行业门类看，在1978—1989年间，行业收入差距是在逐渐缩小的。最高的行业平均工资与全部行业平均工资的比率，由1978年的1.38下降到1989年的1.23；最低的行业平均工资与全部行业平均工资的比率，由1978年的0.64上升到1989年的0.72；最高的行业平均工资与最低的行业平均工资的比率，由1978年的2.17下降到1989年的1.71。自1989年以后，行业收入差距又开始逐渐扩大，最高的行业平均工资与最低的行业平均工资的比率在2005年达到最高的 4.88,从 2006 年开始又有所缩小。2013 年,最高行业平均工资与最低行业平均工资的比值为 3.86,比 2005 年缩小了 1 倍多,绝对差距高达 73 839 元(见表 9)。

表 9 我国最高最低行业平均工资比较表

年份	全部行业平均工资（元）	最高的行业平均工资		最低的行业平均工资		最高行业平均工资与最低行业平均工资之间的差距	
		绝对额（元）	与全部行业平均工资的比率	绝对额（元）	与全部行业平均工资的比率	绝对差距（元）	相对差距
1978	615	850	1.38	392	0.64	458	2.17
1980	762	1035	1.36	475	0.62	560	2.18
1985	1 148	1 406	1.22	777	0.68	629	1.81
1989	1 935	2 378	1.23	1 389	0.72	989	1.71
1990	2 140	2 718	1.27	1541	0.72	1 177	1.76
1991	2 340	2 942	1.26	1 652	0.71	1 290	1.78
1992	2 711	3 392	1.25	1 828	0.67	1 564	1.86
1993	3 371	4 320	1.28	2 042	0.61	2 278	2.12
1994	4 538	6 712	1.48	2 819	0.62	3 893	2.38
1995	5 500	7 843	1.43	3 522	0.64	4 321	2.23
1996	6 210	8 816	1.42	4 050	0.65	4 766	2.18
1997	6 470	9 646	1.49	4 311	0.67	5 335	2.24
1998	7 479	10 633	1.42	4 528	0.61	6 105	2.35
1999	8 346	12 046	1.44	4 832	0.58	7 214	2.49
2000	9 371	13 478	1.44	5 184	0.55	8 294	2.60
2001	10 870	16 437	1.51	5 741	0.53	10 696	2.86
2002	12 422	19 113	1.54	6 392	0.51	12 721	2.99
2003	14 040	32 244	2.30	6 969	0.50	25 275	4.63
2004	16 024	34 988	2.18	7 611	0.47	27 377	4.60
2005	18 364	40 558	2.21	8 309	0.45	32 249	4.88
2006	20 856	43 435	2.08	9 269	0.44	34 166	4.69
2007	24 721	47 700	1.93	10 847	0.44	36 853	4.40
2008	28 898	54 906	1.90	12 560	0.43	42 346	4.37

(续表)

年份	全部行业平均工资（元）	最高的行业平均工资		最低的行业平均工资		最高行业平均工资与最低行业平均工资之间的差距	
		绝对额（元）	与全部行业平均工资的比率	绝对额（元）	与全部行业平均工资的比率	绝对差距（元）	相对差距
2009	32 244	60 398	1.87	14 356	0.45	46 042	4.21
2010	36 539	70 146	1.92	16 717	0.46	53 429	4.20
2011	41 799	81 109	1.94	19 469	0.47	61 640	4.17
2012	46 769	89 743	1.92	22 687	0.49	67 056	3.96
2013	51 474	99 659	1.94	25 820	0.50	73 839	3.86

注：1978—2002年数据采用的是《1994年国民经济行业分类标准》，2003—2013年数据采用的是《2002年国民经济行业分类标准》，两者不完全可比。

从就业人数上看，多数就业人员平均工资低于全国平均水平。2013年，平均工资排名前10位的行业门类，就业人员仅占34%，其年平均工资高于全国平均水平；平均工资排名后9位的行业门类，就业人员占66%，其年平均工资低于全国平均水平。其中，拥有城镇非私营单位就业人员45%的制造业和建筑业，其年平均工资分别比全国平均工资低5 043元和9 402元。这一趋势自2008年以来基本没有改变。

整体来看，平均工资排名靠前的行业或是就业人员普遍具有较高的受教育程度，或具有一定程度的垄断性质；平均工资排名靠后的行业则属于典型的低端劳动密集型行业，人力资本水平较低。2013年平均工资排名前10位的行业大类中，有6个行业具有一定程度的垄断性质，包括其他金融业、资本市场服务、航空运输业、烟草制品业、货币金融服务、石油和天然气开采业；有4个属于高人力资本水平行业，包括互联网和相关服务、软件和信息技术服务业、研究和试验发展、专业技术服务业。平均工资排名后10位的行业大类中，最低的4个行业是农、林、牧、渔业，其余分属于制造业（包括木材加工和木、竹、藤、棕、草制品业，皮革、毛皮、羽毛及其制品和制鞋业）以及住宿和餐饮业，水利、环境和公共设施管理业，居民服务、修理和其他服务业。

近年来，我国不同行业间收入差距不断扩大的一个主要原因是一些垄断性行业的职工收入增幅要大大高于一般竞争性行业。垄断行业凭借在国民经济中的特殊地位及国家给予的优惠条件,较快地获得了高于社会平均利润率的垄断利润和超额收入,职工个人工资也随之水涨船高,大大高于一般的竞争性行业的职工工资水平。而且垄断性行业的职工除了领取较高的工资之外,还有较高的未列入工资的额外收入以及良好的福利。垄断性行业职工收入的快速增长,主要不是建立在其劳动生产率提高的基础上,而是凭借对关键资源的拥有,或者政府赋予的排他性生产某种产品的权利,将垄断利润的一部分或者大部分转化成了该行业在岗职工的工资。收入分配的秩序混乱也是我国不同行业间收入差距不断扩大的原因之一,尤其是垄断性行业改革滞后,国有企业收入分配的约束机制没有建立起来,收入分配的无序和监管不力;国有资产管理体制不完善,政府对收入分配缺乏有效的宏观监督,也是造成不同行业不同经济类型工资差异的原因。市场竞争加剧了我国不同行业间收入差距的扩大。改革开放30年,中国的经济体制已经发生了根本性的变革,市场经济体制框架基本确立,市场已经成为配置资源的最主要力量。在收入分配领域,市场机制已基本取代了传统的计划收入分配体系。在市场竞争过程中,不同社会成员、不同经济组织因竞争能力的差异,劳动贡献和要素投入的不同,收入差距的形成以及扩大是经济市场化的必然结果。但是有一个问题不容忽视:现有的竞争格局是以历史和传统体制形成的、非常不平衡的经济基础条件和经济结构状况等为基点的,竞争存在明显的初始条件差异。这一问题对收入差距扩大的影响相对突出。不同类型产业面对着不同的市场竞争环境。过剩产业竞争过度,效益自然低下,从业人员收入势必相对较低;短缺行业需求旺盛,可以获得超额利润,从业人员收入势必较高(甚至会很高)。虽然从长期的发展角度看,市场力量会使得产业发展逐步趋于平衡,但在这一过程中形成的收入差距却不可低估。

三、居民收入基尼系数的国际比较

经济合作与发展组织(OECD)公布的数据显示,2011年,34个OECD成员国居民收入基尼系数平均为0.314。有15个国家基尼系数在0.3以下,有16个国家在0.3—0.4之间,只有3个国家在0.4以上。世界银行公布的数据显示,自2005年以来,中、东欧国家基尼系数不到0.3;亚洲国家除菲律宾、马来西亚外基尼系数基本都低于0.4;一些非洲和拉美国家基尼系数在0.5以上。在

5个金砖国家官方发布的数据中,南非基尼系数最高,为0.640(2009年);巴西次之,为0.500(2012年);中国、俄罗斯分别为0.473(2013年)和0.420(2012年);印度最低,在0.4(2010年)以下。

国际组织和有关国家计算基尼系数的方法不尽相同,有的使用税前收入,有的使用税后收入,有的使用调整收入,有的使用消费支出,计算结果不完全可比。比如,2010年美国居民税前货币收入基尼系数为0.499,税后货币收入基尼系数为0.380。世界银行网站发布的2007年中国基尼系数为0.425,使用的是购买力平价调整后的收入。国家统计局公布的基尼系数,是使用税后未经购买力平价调整的人均可支配收入计算的(见表10)。

表10 部分国家的居民收入基尼系数比较

国家	年份	税后基尼系数	税前基尼系数
美 国	2010	0.380	0.499
英 国	2010	0.341	0.523
德 国	2010	0.286	0.492
法 国	2010	0.303	0.505
意大利	2010	0.319	0.503
加拿大	2010	0.320	0.447
日 本	2010	0.336	0.488
中 国	2013	0.473	
巴 西	2012	0.500	
俄罗斯	2012	0.420	
南 非	2009	0.640	
印 度	2010	0.339	

资料来源:印度的全国数据来源于世界银行数据库,其他金砖国家数据来源于《金砖国家联合统计手册》,G7国家数据来源于OECD数据库。

从表10可以看到,我国居民收入基尼系数近年来尽管趋于下降,但仍处于较高水平,这表明当前我国居民收入分配不平等程度还比较高。但从总体上而言,鉴于我国的收入水平与发达国家相比还有很大的差距,再加上目前我国特有的城乡二元经济结构,就社会承受能力而言,基尼系数水平仍在可接受的范围内。但收入分配不合理问题以及收入分配制度改革的滞后确实已到了必须引起高度重视的阶段,今后必须加快收入分配制度改革,缩小居民收入差距,以保持经济社会和谐稳定健康有序发展。

参 考 文 献

1. 张东生,刘浩等,2012:《中国居民收入分配年度报告(2011)》,北京:经济科学出版社。

2. 薛进军,2008:《中国的不平等——收入分配差距研究》,北京:社会科学文献出版社。

3. 于国安,曲永义,2008:《收入分配问题研究》,北京:经济科学出版社。

4. 国家统计局课题组,2004:《我国区域发展差距的实证分析》,《中国国情国力》,第3期。

收入分配的国际比较

余芳东[①]

收入分配关系是各国政府和社会公众普遍关注且敏感度很高的焦点问题,关系到经济可持续发展和社会稳定进步。收入分配关系涉及面广,影响因素多,既有经济发展因素,也有体制、机制和政策因素。收入分配关系可以从两个层面来分析:一是宏观层面的收入分配关系。以国民核算数据为依托,研究居民、企业、政府三者初次分配收入、再分配收入的各种比例关系,反映不同环节、不同类型的收入分配构成。二是微观层面的收入分配关系。以住户收支调查和劳动工资调查数据为基础,分析居民收入构成、不同阶层收入差距、行业收入差距、地区收入差距和城乡收入差距等。通过国际比较,分析我国收入分配关系与世界主要国家的相同和不同之处,为政府实现"稳增长、促改革、调结构、惠民生"宏观调控目标提供统计参考和借鉴。本文选择人口规模较大、经济发展类型相异的若干个国家为研究样本,分析这些国家的收入分配状况,研究调整我国收入分配关系的潜在空间,探索"形成合理有序的收入分配格局"的基本路径。研究表明,各国收入分配关系具有比较明显的经济社会发展阶段性特征。我国收入分配关系与我国经济发展阶段和发展模式大体相适应,基本符合国际变动趋势和一般规律。随着经济快速发展、社会显著进步,我国收入分配关系还有较大的调整和优化空间。

一、收入初次分配的国际比较

雇员报酬、生产税净额、营业总盈余和混合总收入是国内生产总值(GDP)

[①] 国家统计局国际统计信息中心副主任,高级统计师。

原始收入的构成项目,也是收入在居民、企业、政府三者之间进行初次分配的起点。其中,混合总收入包含住户拥有的非法人企业的所有者及其家庭成员在非法人企业所做工作的回报即劳动报酬,以及非法人企业创造的营业盈余两部分内容。我国劳动者报酬包括雇员报酬、个体经营户混合收入中的劳动报酬、农户混合收入。[1] 为了比较,我们将国外雇员报酬与混合总收入合并,暂且当作劳动者报酬。这样,国外劳动者报酬的口径要略大于我国,它包括了非法人企业创造的营业盈余部分。受资料限制,假设国外该部分所占比例较小,进行粗略的国际比较并得出初步的分析的结论。通常,劳动者报酬为居民所得,营业总盈余为企业所得,生产税净额为政府所得。各国GDP原始收入的构成项目呈现如下特征。

(1) 主要发达国家劳动者报酬(即雇员报酬和混合总收入之和)占GDP的比重高于新兴国家。2011年,美国、英国、德国、法国劳动者报酬占比59%—65%,韩国、南非为47%,巴西为52%,俄罗斯为57%。2000—2011年,主要发达国家劳动者报酬呈下降趋势。

(2) 主要发达国家营业总盈余占GDP的比重低于新兴国家。2011年,美国、英国、德国、法国营业总盈余占比27%—30%,韩国、南非、巴西、墨西哥为33%—44%。这在一定程度上说明发达国家劳动力成本高,劳动者所得占比相对较高,而企业所得占比相对较低;新兴市场和其他发展中国家劳动力相对便宜,劳动者所得占比相对较低,而企业所得占比相对较高。2000—2011年,主要发达国家营业总盈余占比有所上升。

(3) 大多数国家生产税净额占GDP比重在10%左右,政府所得占比相对较低。2011年,美国、日本生产税净额占比分别为7%和8%,英国、德国、法国、韩国、南非、墨西哥为10%—13%,俄罗斯和巴西分别为20%和15%。

(4) 各国劳动者报酬占GDP的比重与其经济发展水平(以人均GDP表示)存在较高的正相关关系。根据联合国公布的国民核算数据整理,对29个样本国家数据进行测算,两者之间的相关系数达81%。这表明各国原始收入的构成项目比例关系呈现出明显的经济发展阶段性特征。与发达国家相比,新兴国家和其他发展中国家劳动者报酬占比相对较低,营业总盈余占比相对较高。这

---

[1] 劳动者报酬和雇员报酬的区别详见本书《准确理解收入分配核算》一文。

一方面反映了居民收入和消费水平低,劳动力成本低廉的实际情况;另一方面反映了满足扩大再生产投资、保持经济快速发展的阶段性要求。

2011年,我国劳动者报酬、营业总盈余、生产税净额占GDP的比重分别为47%、40%、13%,与新兴国家大体相当,但与发达国家相比,我国劳动者报酬占比偏低,营业总盈余占比偏高。我国国内生产总值原始收入的项目构成具有明显的新兴国家特征,与我国现阶段经济发展水平大体相适应,符合国际变动趋势和一般规律(见表1)。

表1 劳动者报酬、营业总盈余 生产税净额占国内生产总值比重   单位:%

	年份	劳动者报酬占比*	营业总盈余占比	生产税净额占比	雇员报酬占比	混合总收入占比
美国	2011	65.2	27.9	6.9	55.5	9.7
	2000	68.4	25.0	6.6	57.7	10.7
日本	2011	55.4	36.7	7.9	51.9	3.5
	2000	60.4	31.9	7.7	54.2	6.2
英国	2011	59.4	27.7	13.0	53.7	5.6
	2000	60.3	26.5	13.2	54.6	5.8
德国	2011	59.7	30.0	10.3	51.2	8.6
	2000	64.2	26.5	9.3	54.4	9.8
法国	2011	59.5	26.9	13.6	53.5	6.1
	2000	59.1	27.2	13.7	52.1	7.0
中国	**2011**	**47.0**	**39.8**	**13.2**		
	2000	52.7	35.3	12.1		
韩国	2011	45.1	43.9	11.0		
俄罗斯	2011	57.0	23.5	19.5	49.5	7.5
南非	2011	45.6	42.9	11.5		
墨西哥	2011	47.8	42.2	10.0	27.6	20.2
巴西	2009	51.7	33.2	15.1	43.6	8.0
印度	2010	29.4	63.8	6.8		

注:*国外劳动者报酬为雇员报酬和混合总收入之和,要略大于我国的口径。国外雇员报酬口径要略小于我国劳动者报酬。

资料来源:联合国(UN)国民核算年鉴。

(一)居民、企业、政府三者收入初次分配的国际比较

在完成生产活动之后,居民、企业、政府三者因参与生产活动或拥有生产所需资产的所有权而获取初次分配收入,形成国民总收入(GNI)。收入初次分配的形式有:雇员报酬、营业总盈余、生产税净额以及包括利息、红利、地租等的财产收入。各国居民、企业、政府三者收入的初次分配关系呈现如下特征。

(1)主要发达国家居民初次分配收入占国民总收入的比重高于新兴国家。2011年,美国居民初次分配收入占比为78%,德国为77%,英国和法国在72%左右,日本稍低些,为67%。在新兴经济体中,除印度以外,中国居民初次分配收入占比为60.7%,巴西、俄罗斯、南非、韩国为61%—66%,普遍低于主要发达国家。

(2)主要发达国家企业初次分配收入占国民总收入的比重低于新兴国家。2011年,美国企业初次分配收入占比为15%,英国为18%,德国和法国分别为12%和13%。日本稍高些,为23.5%。中国为24%,巴西、俄罗斯、南非、韩国、印度为15%—24%,平均而言要高于主要发达国家。

(3)各国政府初次分配收入占国民总收入的比重差别较大。2011年,中国政府初次分配收入占比为15%,俄罗斯、韩国、巴西、法国政府为13%—21%,美国、印度约为6%,英国、日本、南非在10%左右。

(4)从变动趋势来看,在国民总收入中,主要发达国家居民初次分配收入占比有所下降,企业初次分配收入占比和政府初次分配收入占比有所上升。2000—2011年,美国居民初次分配收入占比从82.4%降到78.4%;企业初次分配收入占比从12%上升到15%;政府初次分配收入占比从5.5%微升到6.4%。日本居民初次分配收入占比从71%降到67%,企业初次分配收入占比从21%升到24%,政府初次分配收入占比从9%升到10%。德国有所不同,居民初次分配收入占比从75%升到76%,企业初次分配收入占比从18%降到13%,政府初次分配收入占比从8%升到10%。英国居民初次分配收入占比从75%降到72%,企业初次分配收入占比从13%升到18%,政府初次分配收入占比从12%降到11%。法国收入初次分配关系变动比较稳定,三者收入占比变动幅度不到一个百分点。

我国居民、企业、政府三者收入初次分配比例关系与其他新兴国家收入初

次分配格局大体相当,但与主要发达国家相比,我国居民初次分配收入占国民总收入的比重偏低,企业初次分配收入占比和政府初次分配收入占比偏高。2000—2008 年,我国居民初次分配收入占比在偏低的情况下继续下降,而企业初次分配收入占比和政府初次分配收入占比在偏高的情况下继续上升。但从 2009 年开始,居民初次分配收入占国民总收入的比重略有回升,企业初次分配收入占比略有下降。

表 2　居民、企业、政府初次分配收入占国民总收入的比重　　　单位:%

	年份	居民*	企业	政府
美国	2011	78.4	15.2	6.4
	2000	82.4	12.1	5.5
日本	2011	66.6	23.5	9.8
	2000	70.5	20.8	8.8
英国	2011	71.7	17.5	10.8
	2000	75.1	12.8	12.1
德国	2011	76.7	13.2	10.1
	2000	74.7	17.6	7.7
法国	2011	73.2	12.2	14.6
	2000	72.7	13.5	13.8
中国	**2011**	**60.7**	**23.9**	**15.4**
	2000	**67.2**	**19.7**	**13.1**
墨西哥	2011	71.4	19.3	9.3
	2000	78.7	12.9	8.4
韩国	2011	61.6	24.1	14.3
俄罗斯	2011	61.4	17.3	21.3
南非	2011	66.0	22.7	11.3
巴西	2009	65.4	20.9	13.7
印度	2010	79.3	14.5	6.2

注:*居民包括为居民服务的非营利机构(NPISH)。
资料来源:联合国(UN)国民核算年鉴。

(二)居民初次分配收入的国际比较

居民收入初次分配的形式有:劳动者报酬(即雇员报酬与混合总收入之和)[①]、营业总盈余、财产净收入等。劳动者报酬是居民初次分配收入的主要组成部分,营业总盈余和财产净收入比重相对较小。

(1)我国劳动者报酬占居民初次分配收入的比重略低于其他多数主要国家。2011年,我国劳动者报酬占比为78%,美国、日本、英国、法国、俄罗斯、巴西为80%—83%,南非和墨西哥约为70%。

(2)我国居民营业总盈余占居民初次分配收入的比重明显高于其他多数主要国家。2011年,我国居民营业总盈余占比为18%,其他多数主要国家在10%左右,印度则高达52%。这说明从事家庭经营活动的收入在居民初次分配收入中占较大的份额。

(3)我国居民财产净收入占居民初次分配收入的比重明显低于其他主要国家。2011年,我国居民财产净收入占比为3.7%。而美国、日本、法国、巴西为7%—10%;英国和南非分别为11%、13%,墨西哥为24%,俄罗斯为4.9%。说明我国居民从事投资活动所得的财产收入十分有限。

(4)从变化趋势看,2000—2011年,美国、英国、法国居民初次分配收入构成比较平稳,劳动者报酬、营业总盈余、财产净收入三者占居民初次分配收入的比重大体为80%、10%和10%。日本劳动者报酬占比从85%下降到81%,而营业总盈余占比则从11%上升到13%;财产净收入占比从3.8%升到6.7%。

与其他多数主要国家相比,在我国居民初次分配收入中,劳动者报酬占比和财产净收入占比偏低,营业总盈余占比偏高。2000—2011年,我国劳动者报酬占比有所下降,而营业总盈余占比和财产净收入占比略有上升(见表3)。

[①] 混合总收入与雇员报酬之和的口径大于劳动者报酬,个体经营户的混合收入中属于劳动报酬以外的部分已被纳入营业总盈余了。所以,这里的分析结论可能不一定成立。

表3 居民初次分配收入构成占其国民总收入比重　　　　单位:%

	年份	营业总盈余占比	财产净收入占比	劳动者报酬占比*	雇员报酬占比	混合总收入占比
美国	2011	9.2	8.1	82.7	70.4	12.3
	2000	8.4	8.0	83.6	70.6	13.1
日本	2011	12.3	6.7	81.1	75.9	5.1
	2000	11.3	3.8	84.9	76.1	8.8
英国	2008	7.0	10.7	82.2	74.2	8.0
	2000	6.5	13.0	80.5	72.7	7.8
德国	2011	5.4	18.0	76.6	65.7	11.0
	2000	4.8	14.5	80.7	68.4	12.3
法国	2011	10.7	8.6	80.7	72.6	8.2
	2000	10.3	8.8	81.0	71.5	9.5
中国	**2011**	**18.1**	**3.7**	**78.2**		
	2000	**17.7**	**3.0**	**81.1**		
韩国	2011	19.8	7.4	72.8		
俄罗斯	2011	12.6	4.9	82.5		
南非	2011	18.1	11.5	70.4		
墨西哥	2011	7.2	24.3	68.6	39.6	29.0
巴西	2009	10.0	9.2	80.8	68.2	12.6
印度	2010	52.0	10.7	37.3		

注:*国外劳动者报酬占比为混合总收入和雇员报酬占比之和,其口径要大于我国劳动者报酬。

资料来源:联合国(UN)国民核算年鉴。

(三) 企业初次分配收入的国际比较

企业收入初次分配的形式有:营业总盈余和财产净收入。由于企业经营资本的社会化程度较高,其财产支出要大于财产收入,财产净收入表现为负值。从国际比较看,各国企业初次分配收入的基本特征如下:

(1) 主要发达国家企业初次分配收入占其增加值的比重低于新兴国家。2011年,美国为27%,英国为29%,德国和法国为22%,韩国、南非、巴西为38%,我国为37%。在变动趋势上,2000—2011年,主要国家企业初次分配收入占比呈上升趋势,美国从20%升到27%,英国从20%升到29%,德国从20%

升到 23%,我国从 33% 升到 37%。

（2）主要发达国家企业营业总盈余占其增加值的比重低于主要新兴国家。2011年,美国为 32%,英国为 35%,德国为 41%,韩国和巴西为 47%,墨西哥达 65%,南非为 51%,中国为 44%。2000—2011 年,美国、英国、德国等主要国家企业总盈余占比呈上升趋势,我国从 37% 升到 44%。

（3）各国企业财产支出占其增加值的比重高于其财产收入占比。2011年,美国企业财产收入占比和支出占比分别为 23% 和 28%,英国分别为 39% 和 44%,德国为 31% 和 49%,法国为 48% 和 54%。这在一定程度上说明企业对社会资本的依赖程度较高,反映出企业经营资本来源多元化的特性。我国企业财产收入和财产支出占其增加值的比重分别为 22% 和 28%,俄罗斯分别为 9% 和 19%,韩国为 32% 和 41%。但巴西企业财产收入占比和支出占比很高,分别为 68% 和 77%。

我国企业初次分配收入状况与主要新兴国家相似,但与主要发达国家相比,企业初次分配收入和营业总盈余占其增加值的比重偏高(见表4)。

表4　企业初次分配收入构成占其增加值比重　　单位:%

	年份	营业总盈余占比	财产收入占比	财产支出占比	财产净收入占比	初次分配收入占比
美国	2011	32.1	23.2	28.4	-5.3	26.9
	2000	26.6	31.5	38.2	-6.7	19.9
英国	2011	35.0	38.7	44.3	-5.5	29.4
	2000	32.5	53.5	65.8	-12.3	20.2
德国	2011	40.7	30.9	49.0	-18.1	22.6
	2000	36.4	37.8	54.6	-16.8	19.6
法国	2011	29.0	47.5	53.7	-6.2	22.8
	2000	31.3	45.6	51.9	-6.3	25.1
中国	**2011**	**44.2**	**21.5**	**28.3**	**-6.7**	**37.4**
	2000	**37.1**	**14.0**	**18.6**	**-4.6**	**32.5**
韩国	2010	47.4	31.8	40.5	-8.7	38.6
俄罗斯	2011	35.0	9.4	18.9	-9.5	25.5
南非	2011	50.6	27.7	40.0	-12.3	38.3
墨西哥	2011	65.2	6.2	39.4	-33.2	32.0
巴西	2009	46.8	67.8	77.0	-9.1	37.7

资料来源:联合国(UN)国民核算年鉴。

(四) 政府初次分配收入的国际比较

政府收入初次分配的主要形式有：生产税净额、营业总盈余和财产净收入等。生产税净额是政府初次分配收入的主要来源；政府从经营活动中获取一定的营业总盈余；政府从投资活动和土地出租过程中发生财产支出和收入。

(1) 我国政府生产税净额占其初次分配收入的比重低于其他多数主要国家。2011年，我国政府生产税净额占比为86%，美国、英国、德国、巴西、南非、印度等主要国家则在100%以上。2000—2011年，受国际金融危机影响，各国政府实行减税增支的财政刺激政策，政府生产税净额占比呈下降趋势。美国生产税净额占比从118.6%下降到106.9%；日本从86%下降到78%；法国从99%下降到93%；我国则从93%降到86%。

(2) 我国政府营业总盈余占其初次分配收入的比重低于其他主要国家。2011年，我国政府营业总盈余占比为7.9%，美国、日本、德国、法国、韩国、南非等国为15%—30%，英国、巴西在10%左右。

(3) 我国政府财产净收入占其初次分配收入的比重偏高。2011年，我国政府财产净收入占比为5.7%，而其他多数国家政府财产支出要大于其财产收入，财产净收入为负值，表现为政府财产净支出。美国、英国、南非、巴西、印度政府财产净支出占比在20%以上，日本、英国、德国、法国为8%—13%（见表5）。

表5 政府初次分配收入构成 单位:%

	年份	生产税净额占比	营业总盈余占比	财产净收入占比
美国	2011	106.9	22.2	-29.1
	2000	118.6	22.8	-41.4
日本	2011	77.8	30.0	-7.8
	2000	86.1	29.7	-15.8
英国	2011	116.5	9.8	-26.3
	2000	105.8	8.1	-13.9
德国	2011	99.4	15.0	-14.4
	2000	109.6	19.5	-29.1
法国	2011	93.0	19.5	-12.4
	2000	98.8	17.0	-15.7

（续表）

	年份	生产税净额占比	营业总盈余占比	财产净收入占比
中国	**2011**	**86.4**	**7.9**	**5.7**
	2000	**93.1**	**9.8**	**-2.9**
韩国	2011	76.9	16.2	6.9
俄罗斯	2011	94.8	2.2	3.0
南非	2011	104.5	18.9	-23.4
墨西哥	2011	109.3	0.5	-9.8
巴西	2009	112.7	10.6	-23.3
印度	2010	110.3	22.6	-32.9
	2000	137.2	36.4	-73.6

资料来源：联合国（UN）国民核算年鉴。

二、收入再分配的国际比较

在完成收入初次分配之后，进入再分配环节。通过经常转移收支，实现国民总收入在居民、企业和政府三者之间的再分配，形成国民可支配总收入。经常转移收支的主要形式有：税款缴纳、社会缴款、社会福利、社会救助、赔款和赠款等。

（一）居民、企业、政府三者可支配收入的国际比较

在收入再分配环节，居民、企业、政府三者之间发生经常转移收支关系，三者可支配收入的比例关系不同于初次分配收入。各国三者收入再分配关系呈现如下特征。

（1）多数主要发达国家居民可支配收入占国民可支配总收入的比重要高于多数新兴国家。2011年，美国居民可支配收入占比为77%，英国、德国、法国为66%—69%，日本占比稍低些，为65%，我国和南非为61%，韩国、俄罗斯分别为57%和59%，巴西和墨西哥较高，分别为66%和69%。

（2）多数主要发达国家企业可支配收入占国民可支配总收入的比重要低于多数新兴国家。2011年，我国企业可支配收入占比为20%，韩国、南非、墨西哥为16%—19%，巴西为14%，美国仅为12.5%，德国和法国不到10%，日本和

英国较高,分别为21%和17%。

（3）各国政府可支配收入占国民可支配总收入的比重差别较大。2011年,我国政府可支配收入占比为19%,美国、日本、英国为10%—17%,德国、法国、韩国、俄罗斯、南非、巴西等国家在20%以上。

总体上,我国居民、企业、政府可支配收入三者在国民可支配总收入中分配比例与新兴市场国家大体相当,但与多数主要发达国家相比,居民可支配收入占比偏低,企业可支配收入占比偏高。

表6　居民、企业、政府占国民可支配总收入的比重　　　　单位:%

	年份	居民*	企业	政府
美国	2011	77.3	12.5	10.2
	2000	73.0	8.7	17.7
日本	2011	64.6	20.7	14.5
	2000	65.0	17.9	15.9
英国	2011	66.7	16.6	16.7
	2000	67.2	10.6	21.8
德国	2011	67.6	12.0	20.4
	2000	69.6	9.6	20.8
法国	2011	68.8	8.8	22.5
	2000	66.1	9.6	24.2
中国	**2011**	**60.8**	**20.0**	**19.2**
	2000	**67.6**	**17.9**	**14.5**
韩国	2011	57.1	19.4	23.0
俄罗斯	2011	58.6	12.7	28.0
南非	2011	60.5	18.2	20.8
墨西哥	2011	69.3	16.3	14.4
巴西	2009	65.7	14.4	20.0

注:* 居民包括为住户服务的非营利机构。
资料来源:联合国(UN)国民核算年鉴。

（二）居民可支配收入的国际比较

居民收入再分配的主要形式有:税收缴纳、社会缴款支出以及社会福利收入、社会补助收入和其他经常性转移收支等。由于税收缴纳和社会缴款比例较高,各国居民可支配收入普遍小于其初次分配收入。2011年,美国和日本居民可支配收入占国民可支配总收入的比重比其初次分配收入占国民总收入的比重分别低1—2个百分点,德国、法国和英国的低幅在4—9个百分点之间。韩国、俄罗斯、南非、墨西哥的低幅在2—5个百分点之间。我国居民可支配收入占国民可支配总收入的比重与居民初次分配收入占国民总收入的比重大体一致。

(1)在收入再分配中,我国居民税收缴纳占国民可支配总收入的比重较低。2011年,我国居民税收缴纳占比为1.2%。美国、日本、欧洲等主要发达国家在10%左右,俄罗斯、巴西、墨西哥、韩国为2.7%—5%。总体上,新兴国家在收入再分配中居民税收负担要小于发达国家。2000—2011年,主要发达国家居民税收占比略有下降,税负有所减轻。在此期间,我国居民税收缴纳占比从0.7%提高到1.2%,但仍远低于主要发达国家和新兴国家。

(2)我国居民社会缴款支出占国民可支配总收入的比重较低。2011年,我国居民社会缴款支出占比为4.3%,明显低于主要发达国家和新兴国家。日本、英国、德国居民社会缴款支出占比在10%以上,法国则为20%。美国、韩国、南非、俄罗斯为6%—8%。

(3)我国居民社会福利净收入占国民可支配总收入的比重较低。2011年,我国居民社会福利净收入占比为5.6%,明显低于主要发达国家。美国为15%,日本、英国、德国在16%以上,法国则为21%。俄罗斯为10%,韩国和南非分别为5%和8%。2000—2011年,主要发达国家居民社会福利净收入占比呈明显上升趋势,升幅在3个百分点以上。我国居民社会净收入占比上升了2个百分点。

在居民收入再分配中,主要发达国家表现出高税负、高福利的特征,通过收入再分配调节,对居民生活消费水平起着"稳定器"、"保护网"的作用。我国和其他主要新兴国家则表现出低税负、低福利的特征,居民的经常转移收入占比和支出占比都较低,说明社会保障和社会救助体系尚不健全,公共教育和医疗服务体系有待完善。需要说明的是,居民税负、社会缴纳和社会福利水平与国家经济发展水平、居民收入水平密切相关。只有当经济发展和居民收入达到较高水平时,才能为实行高税负和高福利提供必要的条件和可能。我国居民可支配收入状况与其他新兴国家大体相似,具有较为明显的经济发展阶段特征。

表 7　居民可支配收入主要构成项目占国民可支配总收入的比重*　　单位:%

	年份	税收缴纳净额占比	社会缴款净收入占比	社会福利净收入占比	其他经常性转移净收入占比
美国	2011	-9.2	-6.0	14.9	-0.9
	2000	-12.2	-7.0	10.3	-0.5
日本	2011	-5.1	-14.3	16.5	0.8
	2000	-5.5	-13.0	12.6	0.7
英国	2011	-12.1	-15.2	19.2	1.8
	2000	-12.8	-13.3	16.6	1.7
德国	2011	-8.5	-19.8	17.9	0.1
	2000	-9.9	-21.0	19.3	-0.1
法国	2011	-8.6	-20.8	21.1	2.4
	2000	-9.1	-19.9	18.8	2.0
中国	**2011**	**-1.2**	**-4.3**	**5.6**	**0.3**
	2000	**-0.7**	**-2.4**	**3.4**	**0.3**
韩国	2011	-4.5	-7.4	4.9	2.2
俄罗斯	2011	-4.0	-8.2	10.0	-0.6
南非	2011	-8.8	-6.1	7.8	1.4
墨西哥	2011	-3.2	-4.1	2.9	4.3
巴西	2009	-2.7	12.8	-10.7	-0.5
印度	2010	-1.8			4.0

注:*居民包括为住户服务的非营利机构。
资料来源:联合国(UN)国民核算年鉴。

(三) 企业可支配收入的国际比较

企业收入再分配的主要形式是税款缴纳,因此企业可支配收入要小于其初次分配收入。2011 年,美国、日本、英国、德国、法国企业可支配收入占国民可支配总收入的比重比其初次分配收入占国民总收入的比重低 1—3 个百分点,我国则低 3.9 个百分点。

在收入再分配中,2011 年,我国企业税款缴纳占国民可支配总收入的比重为 3.2%,略高于美国(2.5%)、日本(2.5%)、德国(2.5%)、法国(2.2%)等主要发达国家,但明显低于巴西(5.4%)、南非(4.8%)、俄罗斯(4.5%),与韩国、墨西哥的企业税负水平相当。

2000—2011年,主要发达国家企业税负略有减轻。其中,美国企业税款支出占国民可支配总收入的比重从2.6%下降到2.5%,日本从2.7%下降到2.5%,英国从3.6%下降到3.1%,德国从3%下降到2.5%,法国从2.7%下降到2.2%。我国企业税款支出占比从1.5%上升到3.2%,从偏低的水平上有所上升。

表8 企业可支配收入和税款缴纳占国民可支配总收入的比重　　单位:%

	年份	初次分配总收入占比	可支配收入占比	税款缴纳占比
美国	2011	15.2	12.5	-2.5
	2000	12.1	8.7	-2.6
日本	2011	23.5	20.7	-2.5
	2000	20.8	17.9	-2.7
英国	2011	17.5	16.6	-3.1
	2000	12.8	10.6	-3.6
德国	2011	13.2	12.0	-2.5
	2000	17.6	9.6	-3.0
法国	2011	12.2	8.8	-2.2
	2000	13.5	9.6	-2.7
中国	**2011**	**23.9**	**20.0**	**-3.2**
	2000	**19.7**	**17.9**	**-1.5**
韩国	2011	19.3	19.4	-3.3
俄罗斯	2011	12.9	12.7	-4.5
南非	2011	24.1	18.2	-4.8
墨西哥	2010	17.3	16.3	-3.3
巴西	2009	22.7	14.4	-5.4

资料来源:联合国(UN)国民核算年鉴。

(四) 政府可支配收入的国际比较

政府收入再分配的主要形式有:来自居民和企业的税收收入和社会缴款以及社会福利、社会救助等经常转移支出。由于政府经常转移收入大于经常转移支出,各国政府可支配收入占国民可支配总收入的比重大于其初次分配收入占国民总收入的比重。2011年,美国前者要比后者高3.8个百分点,其他主要国家的高幅在5—10个百分点之间。我国政府可支配收入占比要比初次分配收入占比高 3.8 个百分点。

（1）我国政府在再分配中的税收收入占国民可支配总收入的比重明显低于其他主要国家。2011 年,在收入再分配中,我国政府税收收入占比为 4.9%,美国、德国、法国在 11% 左右,英国、南非为 15%,日本、韩国、俄罗斯、巴西为 8% 左右。2000—2011 年,主要发达国家政府税收收入占比有所下降,我国从 2.2% 上升到 4.9%,属于低位上升。

（2）我国政府社会缴款净额（即社会缴款收入扣除社会福利和社会补助支出后的净值）占国民可支配总收入的比重较低。2011 年,我国政府社会缴款净额占比为 1.3%,不仅低于美国（9%）、英国（6.6%）,也低于俄罗斯（2%）、南非（3.5%）和巴西（3.2%）。2000—2011 年,世界主要国家政府社会缴款净额占比有所提高。美国从 3.4% 提高到 9%,日本从 0.8% 提高到 1.9%,英国从 4.8% 提高到 6.6%。

表 9　政府可支配收入构成项目占国民可支配总收入的比重　　单位:%

	年份	税收收入占比	社会缴款净收入占比	其他经常转移净收入占比
美国	2011	11.6	-9.0	0.8
	2000	14.8	-3.4	0.7
日本	2011	7.8	-1.9	-1.3
	2000	8.7	-0.8	-0.8
英国	2011	15.1	-6.6	-2.7
	2000	16.4	-4.8	-2.1
德国	2011	11.2	0.4	-1.4
	2000	13.0	0.6	-1.1
法国	2011	11.1	-0.7	-2.5
	2000	11.9	0.7	-1.6
中国	**2011**	**4.9**	**-1.3**	**0.3**
	2000	**2.2**	**-1.0**	**0.4**
韩国	2011	8.4	2.4	-2.1
俄罗斯	2011	8.5	-2.0	0.3
南非	2011	14.7	-3.5	-1.7
墨西哥	2011	6.5	-0.5	-0.9
巴西	2009	8.4	-3.2	1.0

资料来源:联合国(UN)国民核算年鉴。

可见,主要发达国家政府实施高福利政策的背后是政府的高税收收入。政府通过向居民和企业征收高额的税收,实施相对完善的社会保障体系和公共服务体系,为保持居民必要的生活消费水平发挥"稳定器"和"保护网"的作用。我国政府税收收入占比和社会缴款净额占比都很低,在一定程度上反映我国社会保障体系和公共服务体系有待进一步健全和完善。

综上所述,宏观层面的收入分配关系是收入初次分配、再分配两个环节综合形成的过程,是各种比例关系的有机整体。各环节之间收入分配关系密切联系,相互依存,它们之间具有连贯性和整体性。分析表明,一个国家收入分配关系具有明显的经济发展阶段特征。对于新兴国家和发展中国家来说,应更加关注收入分配关系的动态变化,居民收入增长应略快于经济增长,劳动者报酬增长应略快于劳动生产率增长。只有这样,收入分配关系才能在发展中优化,实现收入分配格局的动态平衡,不断提高居民收入水平和实际生活消费水平。

三、微观层面收入分配的国际比较

微观层面收入分配的国际比较主要是基于住户收支调查和劳动工资统计数据,对我国与世界主要国家之间的居民收入来源构成、居民收入差距、行业间和地区间收入差距进行分析比较。

(一) 居民收入来源的国际比较

根据住户调查框架,居民家庭收入来源主要有:工资性收入、家庭经营纯收入、转移性收入、财产性收入等。各国居民家庭收入来源的基本特征表现为:

(1) 工资性收入是居民家庭收入的主体。美国占60%,英国占66%,日本在90%以上,俄罗斯、南非分别为66%和71%。

(2) 转移性收入是居民家庭收入的第二大来源。德国、法国居民工资性收入占比分别为55%和53%,要低于其他发达国家,但是它们的居民转移性收入占比却高于其他国家,分别为28%和40%,英国为23%。转移性收入占比的高低与一国社会保障和福利体系密切相关。转移收入对于保持居民基本生活消费、实现收入分配公正公平、维护社会稳定起着十分重要的作用。

(3) 财产性收入占比相对较低。除了美国和德国以外,大部分国家财产性收入占比均不到5%。财产性收入占比的高低取决于居民财富的积累程度。只有当居民拥有的金融和非金融资产积累到一定程度,财产性收入占比才能有较大幅度的提高。提高财产性收入在居民家庭收入中的比例应该是一个长期渐进的过程。

近十年来,我国居民家庭收入构成发生了较大变化:收入来源由单一化向多元化过渡;城镇居民家庭工资性收入占比呈下降趋势,结构不断优化;农村居民家庭工资性收入、转移性收入占比呈上升趋势,收入来源趋于稳定,生活保障增强;财产性收入从无到有,由少到多,近年来以两位数的速度增长。在城镇居民家庭收入中,工资性收入占比从2000年的71%下降到2013年的64%,转移性收入占比从23%提高到24%,经营净收入占比从3.9%提高到9.5%,财产性收入占比从2%提高到2.7%;在农村居民家庭纯收入中,工资性收入占比从31%提高到45%,家庭经营纯收入占比从63%下降到43%,财产性收入从2%提高到3.3%,转移性收入占比从3.5%提高到8.8%。

与世界主要国家相比,我国农村居民家庭经营性收入占比较高,而工资性收入占比和转移性收入占比偏低(见表10),这是我国现阶段经济结构的基本特征,在一定程度上说明农村居民家庭社会保障体系相对欠缺,覆盖面不全,保障标准较低。

表10 居民家庭总收入构成

单位:%

	年份	工资性收入	经营纯收入	财产性收入	转移性收入
中国					
城镇	2013	64.1	9.5	2.7	23.7
农村	2013	45.3	42.6	3.3	8.8
美国	2010	59.7	7.8	15.5	17.1
日本	2010	94.8	0.4	0.2	4.6
德国	2008	55.5	6.4	10.4	27.7
法国	2001	53.1	4.5	2.7	39.7
英国	2009	66.0	8.0	3.0	23.0
韩国	2011	67.4	22.7	0.4	9.5
南非	2005	71.3	10.8	3.1	14.8
俄罗斯	2010	66.4	9.2	4.3	20.1

注:中国为城镇居民家庭总收入和农村居民家庭总收入;其他国家为个人税前收入,不包括对政府的社会保险缴款。

资料来源:国际劳工组织数据库,各国统计年鉴。

(二) 基尼系数的国际比较

基尼系数是衡量居民收入分配差距的重要指标,在国际组织和各国收入分配政策研究中被广为应用,是制定收入分配政策、调整收入分配关系的主要依据之一。经济合作与发展组织(OECD)、欧盟统计局(Eurostats)、世界银行、联合国以及美国、英国、日本和巴西、俄罗斯、南非等国家定期测算和公布基尼系数。

数据显示,发达国家基尼系数普遍较低,而发展中国家总体较高。发达国家基尼系数均在0.4的国际警戒线以下。2010年,OECD成员国平均为0.314,欧盟成员国平均为0.305。其中,美国为0.378,英国为0.341,日本为0.329,德国不到0.3(见表11)。许多新兴国家和发展中国家基尼系数超过0.4,南非为0.631,巴西为0.501,俄罗斯为0.420。分析表明,基尼系数的高低与经济发展阶段具有较高的关联性,高收入国家因社会保障体系较健全、社会福利水平较高,收入差距缩小,基尼系数趋低,普遍回归到0.4以下。新兴国家和中低收入国家由于社会保障体系不健全,收入分配体制和社会福利制度不完善,收入差距较大,基尼系数相对较高。在发展中国家,基尼系数变动趋势十分迥异,有高有低。通常,中等收入国家的基尼系数要高于低收入国家,收入分配关系的调整相对要滞后于经济的快速增长。

表11 主要国家基尼系数

国家	年份	基尼系数	国家	年份	基尼系数
美国	2010	0.378	俄罗斯	2012	0.420
英国	2010	0.341	南非	2010	0.631
日本	2010	0.329	巴西	2011	0.501
德国	2010	0.286	墨西哥	2010	0.466
法国	2010	0.303	印度	2010	0.339
意大利	2010	0.319	马来西亚	2009	0.462
加拿大	2010	0.320	埃及	2008	0.308
韩国	2011	0.311	**中国**	**2013**	**0.473**

资料来源:世界银行数据库、OECD数据库、《金砖国家联合统计手册(2013)》。

目前我国基尼系数在0.4以上,超过了国际警戒线,居民收入差距较大。

近年来,城镇居民家庭可支配收入差距呈现缩小的趋势。2002—2008年,城镇居民最高收入户(10%)与最低收入户(10%)的人均可支配收入之比从7.89倍扩大到9.17倍,自2009年起该比值持续缩小到2012年的7.77倍。但农村居民家庭人均纯收入差距仍然较大。2002—2012年,农村居民高收入户(20%)与低收入户(20%)的人均纯收入之比从6.88倍扩大到8.21倍。此外,城乡居民收入差距有所扩大。城镇居民家庭人均可支配收入与农村居民家庭人均纯收入之比从2000年的2.79倍扩大到2009年的3.33倍。2010—2013年,随着农村居民家庭收入增长加快,城乡居民收入差距持续缩小,2013年城乡居民收入之比为3.03倍。

近十多年来,我国区域间经济发展不断趋于协调和平衡,地区间居民收入差距有所缩小。最高省份的城镇居民家庭人均可支配收入与最低省份的比从2000年的2.48倍缩小到2012年的2.22倍,最高省份的农村居民家庭人均纯收入与最低省份的比从4.21倍缩小到3.95倍。

(三)不同行业间工资差距的国际比较

不同生产行业对雇员的劳动强度、技能要求不同,行业间工资水平必然存在一定差距,但需保持在相对合理的水平上。如果差距过大,会影响行业间平衡和协调发展。根据国际劳工组织公布的十几个行业雇员工资数据分析,各国的行业间工资差距程度有所不同,总体上,发达国家行业间工资差距要小于发展中国家。2010年,美国、德国、英国最高行业与最低行业间平均工资之比为2—3,日本、意大利则在2倍以下;而印尼、巴西为8—9,埃及、菲律宾为5—6,墨西哥为4.4倍。2011年,我国城镇非私营单位在岗职工平均工资最高行业与最低行业之比为4.5倍,私营单位为3.0倍,高于发达国家,低于印度、巴西,与墨西哥相当。

四、调节我国收入分配关系的几点建议

通过上述国际比较分析可以发现,我国宏观层面和微观层面的收入分配关系具有明显的新兴国家特征,与我国现阶段经济社会发展水平和发展模式大体相适应,基本符合国际收入分配关系的变动趋势和一般规律。当前,我国人均

国民总收入已进入中等偏上收入国家的行列,经济社会发展进入新的阶段,必须结合我国经济发展的阶段性特征,顺应经济新形势的要求,循序渐进,主动调节收入分配关系,以此促进经济转型升级,提高居民收入,缩小收入差距,扩大消费需求,实现经济长期可持续发展,避免陷入"中等收入陷阱"的风险。

国际比较分析表明,我国收入分配关系还不尽合理,有待进一步调整和完善。宏观层面收入分配关系的突出问题有:劳动者报酬在国内生产总值中的比重、居民初次分配收入在国民总收入中的比重、居民可支配收入在国民可支配总收入中的比重偏低,企业初次分配收入和可支配收入占比偏高;政府在调节收入分配关系中的作用有待进一步发挥,政府的社会管理职能尚有缺位,社会保障体系和公共服务体系有待进一步完善。微观层面收入分配关系的主要问题有:基尼系数偏高,居民收入差距和行业间工资差距较大;农村居民工资性收入和转移性收入偏低,收入不够稳定,生活安全保障相对不足。在动态变化上,居民收入在初次分配和再分配中的占比长期呈下降趋势,从2009年开始出现缓慢回升势头,居民收入增长仍有待进一步加速。针对这些问题,我国收入分配关系调整的基本方向应该是:在保持收入分配关系与现阶段经济发展水平基本相适应的前提条件下,收入初次分配和收入再分配应逐步向居民倾斜,适度提高居民收入在初次分配、再分配中的比重,适度降低企业收入的比重;调整居民家庭收入分配关系,逐步缩小城乡、不同阶层和行业之间收入差距;有效发挥政府在调节收入分配关系中稳定器和保护网的作用,健全和完善社会保障体系和社会公共服务体系,通过经常转移收支,增加政府对居民社会福利和社会救助支出,逐渐形成合理有序的收入分配格局。我国收入分配关系调节的具体路径包括初次分配环节、再分配环节。

1. 初次分配环节

一是通过制定行业工资指导政策,建立工资集体协商机制,设定最低工资标准并实行工资增长与消费者价格指数挂钩、与企业效益挂钩、与经济增长同步等制度,保证劳动者报酬在国内生产总值中的比重在动态变化上稳中有升,使劳动者充分享有经济改革和发展成果。

二是培育和健全资本市场,拓宽居民投资渠道,逐步提高居民财产收入,实现居民初次收入来源的多样化。

三是鼓励民间资本融资,疏通企业融资渠道,扩大融资规模,逐步提高企业经营资本的社会化程度。

四是转变政府职能,规范行政行为,发挥市场力量的作用,减少政府直接参与经营投资活动,适度降低政府财产净收入在国民总收入中的比重。

2. 再分配环节

一是完善社会保险体系,增加企业和政府对居民经常转移支付,增加居民从企业和政府获取的社会福利和社会救助净收入,提高居民可支配收入在国民可支配总收入中的比例。

二是增强企业的社会责任,提高企业为职工支付的失业保险、养老保险、医疗保险、工伤保险、其他社会保障基金等社会缴款提取比例,加大收入再分配向居民倾斜力度,适当降低企业可支配收入在国民可支配总收入中的比重。

三是强化政府公共管理和公共服务的职能,完善社会保障体系和公共服务体系,加大政府向居民经常转移支付的力度,提高社会保障水平和覆盖面,提高政府对居民的社会福利、社会救助支出,发挥政府在收入分配关系中的调节作用,使之真正成为提高居民收入和生活消费水平的"稳定器"和"保护网"。

在微观层面的居民收入分配上,可着重调整如下几个收入分配关系。

一是逐步提高农村居民收入和社会保障水平,缩小城乡居民收入差距。通过提高农村居民医保、养老标准,扩大社保覆盖面,加大对农村居民的经常转移支付力度,提高其经常转移收入;有计划、有步骤地推进城镇化建设进程,保证农村劳动力有序流动和合理布局,提高农村居民工资性收入;通过产业转移、惠农和强农政策,稳定并增加农村居民收入;进一步巩固和深化农村贫困地区扶贫工作,提高农村居民整体生活水平。

二是进一步关注低收入阶层和弱势群体的家庭收入和生活,缩小收入差距。完善居民所得税征收制度,形成有助于扩大中等收入阶层范围的税收调节机制;建立社会家庭扶助体系,帮助解决低收入阶层家庭的就业问题,加大对其经常转移支付的力度,保证每一个公民尊严而体面地生活。

三是加强对高工资收入行业的监管,规范行业工资标准,适当提高低工资行业的收入标准,缩小行业间工资收入差距。

在动态变化上,要努力做到居民收入增长适当高于经济增长,劳动者报酬增长适当高于生产率增长。我国是一个新兴的发展中国家,经济仍处在快速发展阶段,应注意在发展中调整收入分配关系,保持居民收入增长与经济增长的协调关系,从根本上扭转我国劳动者报酬占比和居民收入占比出现下降的趋势。

参 考 文 献

1. 国家统计局:中国统计年鉴(2000—2013 年),北京:中国统计出版社。
2. 国家统计数据库,http://data.stats.gov.cn/
3. 联合国数据库,http://data.un.org/
4. 世界银行 WDI 数据库,http://data.worldbank.org/